歴史文化ライブラリー

53

# 奈良朝の政変劇

## 皇親たちの悲劇

倉本一宏

吉川弘文館

原則として、初版で掲載した口絵は割愛しております。

# 目次

# はじめに——吉野宮の誓盟から

天武八年（六七九）五月、天武《てんむ》天皇、鸕野《うの》皇后（後の持統《じとう》）、成人していた天武皇子の四人（草壁《くさかべ》皇子・大津《おおつ》皇子・高市《たけち》皇子・忍壁《おさかべ》皇子）、天智《てんじ》皇子の二人（河嶋《かわしま》皇子・芝基《しき》皇子）は、吉野宮《よしののみや》に赴き、誓盟《せんめい》を行なった（『日本書紀』天武八年五月乙酉《六》条）。

「ここで誓いを立て、千年の後までも事が起こらないようにしたいがどうか」

という天武の提案に対し、まず草壁皇子が進み出て、

「我ら兄弟はそれぞれ母は違っているが、天皇の言葉に従い、互いに助け合い、争いはすまい。もし今後、この誓いに背くようなことがあれば、命はなく、子孫も絶えるであろう」

と誓った。五人の皇子も、同じように誓った。天武は、

「我が子たちは母を異にして生まれたが、今は同じ母から生まれた兄弟のように慈《いつく》しもう」

と言って、衣の襟を開いて六人の皇子を抱き、

「もし自分がこの誓いに違《たが》ったら、たちまちわが身は亡きものとなろう」

と誓った。鸕野も同様に誓った。


有名な「吉野の誓盟」の一場面である。ところが、その後の歴史の展開は、草壁が、この誓いに背けば自分の命はなく、子孫も絶えるであろうと語ったとおりとなってしまった。七年後の朱鳥元年（六八六）九月には、天武崩後の後継者をめぐって、大津皇子の「謀《む》反《へん》」が発覚し、大津は死を賜わった。その「謀反」を鸕野に密告したのは、『懐風藻《かいふうそう》』によれば、大津の莫逆《ばくぎやく》の友で、吉野の誓盟にも参加した河嶋皇子であった。そして草壁も、即位の日を迎えることなく、それから三年後の持統三年（六八九）に薨《こう》じている。

本書が描いていくのは、天武の残した皇子の子孫たちの悲劇的な行く末である。彼らは、奈良朝という時代の激流に翻弄《ほんろう》され、千年どころか、百年も経たないうちに、文字通り絶え果ててしまうのである。

天武朝という時代は、東アジアの動乱という国際情勢の只中にあり、また壬申《じんしん》の乱によって政権が発足したという歴史的条件の下、律令国家の早急な建設という国家命題の実現のために、支配者層が結集していた。そして天武のカリスマを血縁的に賦《ふ》与《よ》された皇親《こうしん》が各官司・使節の統括《とうかつ》的地位に就き、「皇親政治《こうしんせいじ》」という特異な政治形態を現出させたのであった。

ところが、大宝律令体制が成立すると、天皇家と藤原《ふじわら》氏とのミウチ的結合によって、天皇家の父方のミウチである皇親に代わる新たな政権中枢が誕生した。そして天武との血縁に由来する「皇親政治」は、もはや過去のものとなってしまっていた。

また、八世紀の天皇は文武《もんむ》から桓武《かんむ》まで九代八人を数えるが、そのうちで男帝は五人に過ぎない。しかも律令体制がスタートした八世紀前半における二人の男帝（文武と聖武《しょうむ》）が、ほとんど皇子を残すことができなかったという事態は、天武皇子の子孫たちに新たな悲劇をもたらした。天武二世王たちが、律令制では想定されていなかったはずの、皇位継承権を持つ諸王となってしまったのである。藤原氏の専権《せんけん》に反感を持つ他の氏族たちは、一族の再興を賭けて乾坤一擲《けんこんいってき》の陰謀を画策した。日本の古代氏族は、新たな皇嗣《こうし》を擁立《ようりつ》することでしか国家に対する反逆を行なうことができず、そのための「玉《ぎょく》」として、天武系諸王たちを策謀《さくぼう》の場に引き入れた。それらの企てはすべて失敗に帰し、その犠牲となった諸王たちは、一つまた一つと系統ごとに滅んでゆき、宝亀元年（七七〇）、称徳《しょうとく》女帝の死に際しては、ついに皇位を伝えるべき天武系皇親は一人も残っていないという事態に陥《おちい》ってしまっていた。

彼ら律令制下の皇親については、前著『日本古代国家成立期の政権構造』（吉川弘文館、一九九七年）のなかに、「律令制下の皇親」と題した一章を設けて論じたが、それぞれの政治事件に際しての皇親の具体的な動きに関しては、触れる余裕がなかった。

本書においては、奈良朝を通じて、幾度も繰り返された政治事件の経緯と、その背景や意義を、天皇・太上天皇《だいじょうてんのう》・皇太后《こうたいごう》（母后）・皇太子・皇后によって構成される王権《おうけん》、それを取り巻く父方のミウチとしての皇親、母方のミウチとしての藤原氏といった三者の関係を中心として追究し、日本古代国家における権力構造の特質を探ることとしたい。前著と合わせることによって、一個の皇親論となることになる。

なお、本書に引用する史料は、特に断わらない限り、すべて『続日本紀』（青木和夫《あおきかずお》・稲岡耕二《いなおかこうじ》・笹山晴生《ささやまはるお》・白藤禮幸《しらふじのりゆき》校注『新 日本古典文学大系　続日本紀　一～五』、岩波書店、一九八九～一九九八年）とする。

# 律令国家の権力構造と皇親

# 律令国家の権力論

**律令国家の権力構造**

それぞれの政変を具体的に論じる前に、まず律令国家の権力構造を、皇親を中心に簡単に見ていくこととしたい。

戦後の古代史学界は、日本律令国家の権力構造に関して、

○律令国家における天皇を古代的専制君主《せんせいくんしゅ》であると見做《みな》し、天皇絶対権力の拡大、機構化されたものとして律令制を理解する見解

○天皇を専制君主とは見做さず、律令制の実態を君主制的形態を採った貴族制的支配、あるいは貴族勢力による貴族共和制《きょうわせい》と理解する見解

という二つの見解の間を彷徨《ほうこう》してきたと言うことができる。

本書の主旨に即して言うと、「皇親勢力」という政治勢力が、天皇権力を囲繞《いにょう》・擁護《ようご》するための「藩屛《はんぺい》」として創出され、「貴族勢力」に対抗して天皇絶対制の権力基盤となったという図式が、一方では主張されてきた。皇親政治論を研究することは、すなわち天皇絶対制論を信奉し、それに論拠を与える作業であると考えられてきたことになる。

たとえば、「皇親政治」という語を案出された北山茂夫《きたやましげお》氏は、「白鳳期の皇親政治」を、次のように規定されている（北山茂夫「七四〇年の藤原広嗣の叛乱」、『日本古代政治史の研究』所収、岩波書店。初出は一九五一年）。

その名に値する独特の組織を法的に規定したのではなく、あくまでも公民―公地の広汎な基礎のうえに、高度に天皇そのものに集中し、体現した全権力を、まず上部で皇親がそれを擁護し、つぎにその下で諸臣・百官人が、中央から地方にいたるまで、官人制の序列にもとづいて、それを行使する、という政治的内容を、歴史的に、形成していたことを指すのである。

しかしながら、皇親政治論を天皇絶対制論の根拠とするためには、最低限、律令制下の皇親が一個のまとまった政治勢力として存在し、常に天皇権力を擁護する存在であったということが実証されなければならない。それ以前に、天皇権力と「貴族勢力」なるものが対抗関係にあったことを証明しなければならないはずである。だいたい、古代の支配者層内部において、政治勢力がどのようにして存在していたのか、そもそも政治勢力などと称するに値するものが存在していたのかということも、いまだ本格的に論じられたことはない。

## 新しい権力論

そして近年では、「貴族勢力」や「皇親勢力」などというまとまった政治勢力や、天皇と諸氏族層との対抗関係の存在を否定し、両者の相互依存関係を重視する見解が主流になりつつあるように思われる。

そのような状況のなか、律令国家における新たな権力構造論を再構築しようとする試みが始まっている（石上英一《いしがみえいいち》「律令国家と天皇」、『律令国家と社会構造』所収、名著刊行会。初出は一九九二年、など）。本書では、それらに直接踏み込むことはしないが、日本古代国家における天皇の性格を、専制・非専制の二者択一で考えるのではなく、その両面を併せ持ったものとして理解すべきであるという視座は、まずおさえておくべきであろう。

そして、本書が追究するような政治的上部構造の実体においては、天皇と諸氏族層との相互依存的関係は、より鮮明であったものと思われる。その一方では、王権の専制的相貌・非専制的相貌が、鏡の裏表のように、それぞれの政治局面によって立ち現われていたであろうことは、想像に難《かた》くない。かつて笹山晴生《ささやまはるお》氏が述べられた、（八世紀の政治情勢の展開のように）貴族間の勢力均衡がくずれ、特定の貴族が天皇と結んで特権的地位に立つような事態になると、政治はきわめて専制的色彩をおびるようになるという指摘（笹山晴生「律令制国家の構造とその特質」、『日本古代史講義』所収、東京大学出版会、一九七七年）は、まことに奈良朝政治の実体の正鵠《せいこく》を射たものであると言えよう。

**律令国家の権力中枢**

それでは、律令国家の政権の中枢に位置し、当該期の政治を領導《りようどう》していたのは、いかなる政治勢力だったのであろうか。私見によれば、ミウチ的結合によって結ばれた天皇家と藤原《ふじわら》氏とが、相互に補完、後見《こうけん》し合って、律令国家の支配者層のさらに中枢部分を形成した。その構成員は、奈良時代前半には、

太上天皇 ＋ 天皇 ＋ 知太政官事 もしくは 藤原氏の大臣、または内臣

という形で、後半には、

天　皇 ＋ 藤原氏の大臣、または内臣

という形で、それぞれ「太政」を領導していたと考えている。藤原氏は、天皇家と相互に

姻戚《いんせき》関係を結ぶことによって王権とのミウチ的結合を強化し、王権の側からも准《じゅん》皇親化を認められていた（岸俊男《きしとしお》『藤原仲麻呂』、吉川弘文館、一九六九年）。その結果、律令官制に拘束されない立場で王権と結び付いて内外の輔政《ほせい》にあたった権臣《ごんしん》を輩出したのである。

彼らの祖である藤原不比等《ふひと》は、大宝律令《たいほうりつりょう》の制定や平城京《へいぜい》の造営といった功績、宮子《みやこ》・光明子《こうみょうし》を通じての天皇家との姻戚関係によって、権臣としての地位を確立したのであったが、その地位はまた、藤原氏と天皇家との新たなミウチ関係を産み出し、藤原氏官人に高い地位を約束する根拠とされたのである。

たとえば、鎌足《かまたり》・不比等に下賜された「しのびごとの書」には、鎌足・不比等の子孫に格別の待遇を与え、子孫を絶やさないことが明記してあり（この「書」が実在したかどうかは疑問である）、それを根拠として藤原永手《ながて》は大臣に任じられている（天平神護二年正月甲子条《八》）。

また、永手に太政大臣《だいじょうだいじん》を贈った詔（宝亀二年二月己酉条《廿二》）では、永手が「仕奉」してきたのは今だけではなく、鎌足・不比等・房前《ふささき》たちが、「世を累《かさ》ねて」天皇に「仕奉」してきたのであり、それをかたじけなく思うが故に、「祖等《おやたち》の仕《つか》へ奉《まつ》りし次《つぎて》」によって、永手にもそれを継がせて太政大臣に任じようとした、と言っている。

日本古代社会においては、ある個人は父方・母方を通して同時に複数の氏の成員であり得るという「両属性《りようぞくせい》」を有していたとされる。この「ある個人」を天皇に置換した場合にも、たとえば淳仁《じゅんにん》が、仲麻呂《なかまろ》を「朕《わ》が父」と、また袁比良女《おひらめ》を「はは」と、仲麻呂の子息を「朕がはらから」と述べたように（天平宝字三年六月庚戌《十六》条）、また称徳《しょうとく》が、諸王と藤原氏とをともに自分の親族（「朕《わ》が親《うがら》」）であると観念したように（天平神護元年十一月辛巳《廿四》条）、同列に考えることができる。天皇は外戚《がいせき》たる藤原氏をまさにミウチと認識していたのであり、輔政にあたる権臣を次々と生み出すことになった。

## 王権の「共同統治」

また、日本古代の王権は、天皇個人のみに集約されず、天皇、それに親権《しんけん》を及ぼす太上天皇、天皇生母、天皇生母の近親者（外戚）などから構成され、「天皇家の長」の主導の下、それらによる共同統治が行なわれていた。最初の太上天皇となった持統《じとう》が、直系の孫にあたる文武《もんむ》天皇と「並び坐《いま》して」共同統治にあたり（慶雲四年七月壬子《十七》条）、文武に対しての親権（と天皇としての経験）によって文武を後見していたことは有名である。また、文武の後継者である聖武《しょうむ》天皇も、元正《げんしょう》太上天皇の政治的後見を受けていた。天平改元宣命（天平元年八月癸亥《五》条）のなかには、自分一人では知識は乏しく、経験も少ないので、臣下の奏上する政事にいかに答えたらよいのか、またこの者をどの官に任じればよいのか、を元正に問い、元正の教え導き答え伝えたとおりに統治してきた、と言っている。天皇大権の根本とも言うべき、聴政《ちょうせい》と人事に関して、常に太上天皇の指示と教唆《きょうさ》を受けていたことになる。

**律令国家の「権力核」**

律令制成立期における「皇親政治」とは、国家機構の未成熟な当時に、畿内や地方の首長層に律令国家建設の緊急性を主張するために、天武《てんむ》のカリスマを父方の血縁集団である皇親に分与し、官司・使節の統括者とすることによって現出した「非常」の政治体制であった。

しかし、大宝律令体制が完成すると、当時天皇家の長たる立場にあった持統にとっては、皇位継承権を持った危険な存在である皇親をそれまでどおり国政の中枢に置いておくことは、自己の皇統《こうとう》の存続に対して危険な要因が内在してしまうことを意味した。その結果、皇親は徐々に国政の中枢からは遠ざけられ、代わって、皇位継承権のない、安全な母方のミウチとしての藤原氏が王権の輔政にあたり、天武—持統系皇統の後見者とされたのである。

以上を総合すると、律令国家の政権構造とは、天皇家の一部としての天武—持統系と、その母方集団である藤原氏の権臣とが、ミウチとして結合して国政の中枢部分（石母田《いしもだ》正《しょう》氏の言われた「権力核《けんりょくかく》」）を形成し、その周囲に、畿内《きない》を基盤とする貴族層や皇親が、内部的には個別の利益を主張してまったくバラバラに、しかも被支配者層や畿外勢力に対しては支配階級として「結集《けっしゅう》」しながら取り巻いていた、という二重構造を示していたものと思われる。

# 律令制下の皇親

**律令制における皇親**

次に、律令制下の皇親について、見通しを述べよう。最初に、律令制における皇親に関する制度を見ておきたい。

まず、皇親として認められる範囲について述べる。天武《てんむ》・持統《じとう》朝には、皇親の族姓《ぞくせい》的範囲が明確に定められていなかったために、六世紀に大王家から分かれた王統に属する、かなり広範な範囲の王族が、皇親として活動していた。これは、天武朝にはいまだに天智《てんじ》・天武の皇子や孫王《そんおう》が成長しておらず、「皇親政治」を主導する皇親を供給するために採られた、暫定的な措置であった。

ところが、大宝律令の制定によって、皇親の範囲は、きわめて限定されたものと規定さ

れた。養老継嗣《けいし》令・皇兄弟子《こうきょうだいし》条（大宝継嗣令もほぼ同文と考えられる）では、

凡そ皇の兄弟、皇子をば、皆親王《しんのう》と為《せ》よ。〈女帝の子も亦同じ。〉以外は並に諸王と為よ。親王より五世は、王の名得たりと雖も、皇親の限《かぎり》に在らず。

とされ、四世王までが皇親、五世王は皇親の限にあらずと定められた。律令制成立期に「皇親政治」を主導してきた諸王たちの多くは、律令制の成立とともに皇親の範囲から弾き出されたのである。その後、慶雲三年（七〇六）には、いわゆる二月十六日格（慶雲三年二月庚寅《十六》条）に、

詔して曰《のたま》はく、……令に准《なずら》ふるに、五世王は、王の名得たりと雖も、皇親の限に在らず。今、五世王は、王の名有りと雖も、已に皇親の籍《じゃく》を絶ちて、遂に諸臣の例《つら》に入る。親《うがら》を親しむ恩《うつくしび》を顧み念ふに、籍を絶つ痛《いたみ》に勝《た》へず。今より以後、五世王は、皇親の限に在らしめよ。その嫡を承《う》くる者《ひと》は、相承けて王とせよ。自余《そのほか》は令の如し。〈其の七。〉

とあるように、五世王は皇親の限に入れ、承嫡者は王名を名乗れると改定された。天武・持統朝に活動した皇親一身についてのみ、皇親の範囲に含ませたのである。

さて、皇親の帯し得る位階は、復原大宝選任《せんにん》令・蔭皇親《おんこうしん》条の規定によると、

凡そ皇親に蔭《おん》せむことは、親王の子に従四位下、諸王の子に従五位下。其れ五世王は、従五位下。子は一階降せ。庶子は又一階降せ。唯し別勅《べつちょく》に処分せむは、此の令に拘《かかわ》れじ。

とある。二世王は従四位下、三世から五世王が従五位下、五世王の嫡子《ちゃくし》は正六位上、庶《しょ》子《し》は正六位下に叙爵《じょしゃく》されることになる。そしてその位階に応じて、位田《いでん》、位禄《いろく》、季禄《きろく》、位分資人《いぶんしじん》などを賜わることとなっていた。

また、官位相当制《かんいそうとうせい》の原則では、叙位を受けた皇親は、その位階に相当する官職に補任《ぶにん》されるはずであった。四位だと八省《はっしょう》の卿《かみ》、左右大弁《だいべん》、中宮大夫《ちゅうぐうだいふ》・春宮大夫《とうぐうだいふ》、弾正尹《だんじょうのいん》など、五位だと左右中弁《ちゅうべん》・少弁《しょうべん》、八省の輔《すけ》、左右京大夫、諸寮《りょう》の頭《かみ》、衛府《えふ》の督《かみ》などが、相当する官職である。

一方、養老禄《ろく》令・皇親《こうしん》条（大宝禄令も同様であったと思われる）には、

凡そ皇親、年十三以上ならば、皆時服料《じぶくりょう》給へ。春、絁《あしぎぬ》二疋、糸二絇、布四端、鍬十口。秋、絁二疋、綿二屯、布六端、鉄四廷。〈其れ乳母を給へらむ王には、絁四疋、糸八絇、布十二端。〉

とあり、十三歳以上で出身以前の皇親にはすべて春秋の時服料が給されていた。

ほかにも、不課《ふか》であることはもちろん、さまざまな特権を認められていたことは、諸臣の上級官人と同様であった。

**原則と実体**

以上が、律令制の原則による皇親の特権であったが、皇親は、特に官位制について、これらの特権を原則どおり享受していたわけではなかった。先に挙げた時服料にしても、天平十七年（七四五）には、

制すらく、「无位《むい》の皇親に、春秋の服給ふこと、今より以後《のち》、上日《じょうにち》一百卌に満たぬは、給ふ例《ためし》に在らず。〈上日七十を計りて、春夏の服を給ふ。秋冬も亦かくの如し。〉但し、乳母《めのと》を給ふ王はこの限に在らず。また、格に拠《よ》るに、嫡を承けたる王は、直《ただ》に王の名を得るのみ。服を給ふ限に在らず」といふ。

と改定され（天平十七年五月壬午《廿五》条）、一年を通して一四〇日の上日を積まなければ支給対象に含まれないこととなってしまった。それに対する皇親の反応は、

参議《さんぎ》従三位氷上《ひかみ》真人塩焼《しおやき》奏《そう》すらく、「臣、伏《ふ》して見るに、三世の王已下に春秋の禄を給ふことは、是れ、王親を矜《あわれ》みてなり。而るに今、上日を計ること、臣《しん》の姓に異ならず。伏して乞はくは、令に依りて優《めぐ》み給ひて、上日を求むること勿《なか》れ」とまうす。

とある（天平宝字三年六月丙辰《廿二》条）。上日を計ることは諸臣と異ならないとして、上日計算

の停止を要求しているのである。

ここに見える国家側の皇親に対する対応と、皇親側の態度は、他の制度に対しても、相通じるものがあったはずである。王権の立場からは、皇親をあまり高い地位につけることは避けたかったであろうし、皇親の立場からも、精勤を重ねて昇進し、上級官人となって権力中枢に入り込むことを目指すよりも、四位か五位程度の官人に留まって、血統的尊敬を集めながらも激職に就《つ》くことはなるべく厭《いと》い、権力の中枢からは距離を置いて王権から危険視されることは絶対に避ける、といった態度が思い浮かぶ。

以下、律令制下の皇親の実像を推察してみる。

**天武系皇親**

天武系二世王は、奈良時代に特殊な歴史的役割を担《にな》わされたのであるが、まず、天武皇子女を、その母親と外祖父母を含めて表示してみる。

これらのうち、外祖父《がいそふ》（および外祖母）の身分、母親の生否によって、皇子にもさまざまな身分序列が生じていたものと思われる。この視点による天武皇子の身分序列は、草壁・大津・舎人・長・弓削・新田部・穂積・高市・忍壁・磯城といったところであろうか。また、律令制成立の時点ですでに死去していたのは、草壁・大津・高市・磯城・弓削であった。

天智

| （后妃の父母） | （后妃） | （所生皇子女） |
| --- | --- | --- |
| 天智＝蘇我臣遠智娘《そがのおみおちのいらつめ》 | 鸕野皇女《うののひめみこ》（皇后） | 草壁皇子《くさかべのみこ》 |
| | 大田皇女《おおた》（妃） | 大来皇女《おおく》（斎宮）<br>大津皇子《おおつ》 |
| 天智＝阿倍臣《あべ》橘娘《たちばな》 | 新田部皇女《にいたべ》（妃） | 舎人皇子《とねり》 |
| 天智＝忍海造色夫古娘《おしぬみ しこぶこ》 | 大江皇女《おおえ》（妃） | 長皇子《なが》<br>弓削皇子《ゆげ》 |
| 藤原鎌足大臣《ふじわらのかまたり》 | 氷上娘《ひかみ》（夫人） | 但馬皇女《たじま》（高市皇子妃） |
| | 五百重娘《いおえ》（夫人） | 新田部皇子《にいたべ》 |
| 蘇我赤兄大臣《あかえ》 | 大蕤娘《おおぬ》（夫人） | 穂積皇子《ほづみ》<br>紀皇女《き》<br>田形皇女《たかた》（六人部王妃《むひとべ》） |
| 鏡王《かがみ》 | 額田姫王《ぬかた》 | 十市皇女《とおち》（大友皇子妃《おおとも》） |
| 胸形君徳善《むなかた とくぜん》 | 尼子娘《あまこ》（宮人） | 高市皇子《たけち》 |
| 宍人臣大麻呂《ししひと おおまろ》 | 檝媛娘《かじひめ》（宮人） | 忍壁皇子《おさかべ》<br>磯城皇子《しき》<br>泊瀬部皇女《はつせべ》（川嶋皇子妃《かわしま》）<br>託基皇女《たき》（志紀皇子妃《しき》） |

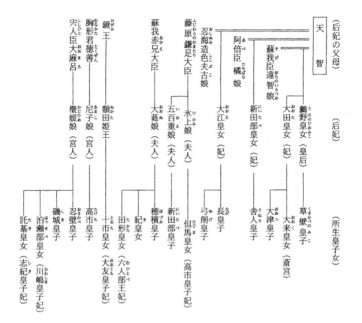

系図1　奈良時代皇親系図

王名の前の数字は世数、〈　〉内は蔭叙を受けた時期、（　）内は臣籍降下した時期

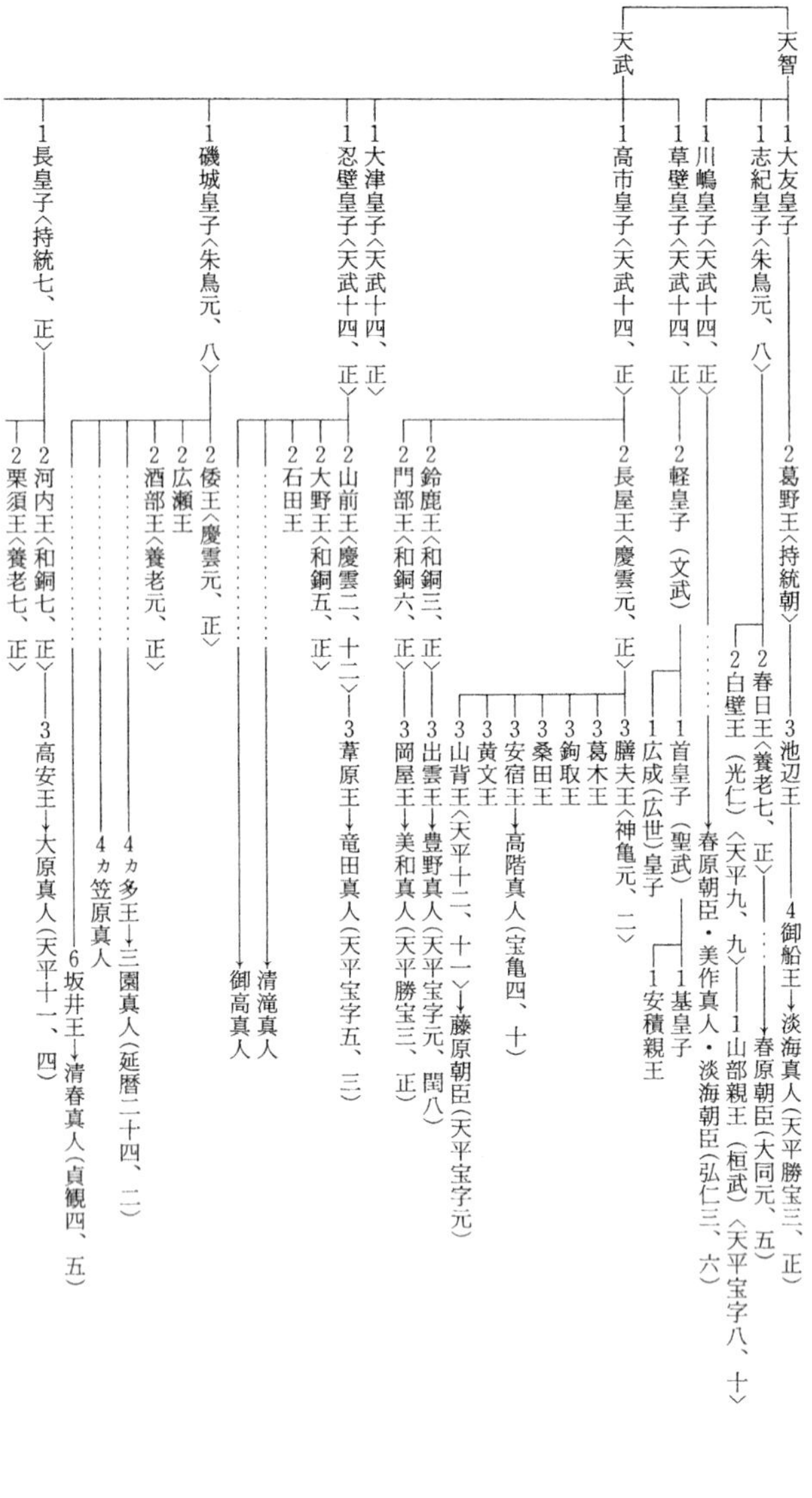

- 2 智努王〈養老元、正〉→文室真人（天平勝宝四、八）
- 2 石川王〈神亀三、正〉
- 2 長田王〈天平七、四〉——3 浄原王——4 直世王
- 2 奈良王〈天平十二、正〉
- 2 大市王〈天平十一、正〉→文室真人（天平勝宝四、八）
- 2 安都王〈天平十五、五〉

- 1 穂積皇子〈持統五、正〉
  - 2 上道王〈和銅五、正〉
  - 2 坂合部王〈養老元、正〉
- 1 弓削皇子〈持統七、正〉
- 1 舎人皇子〈持統九、正〉
  - 2 御原王〈養老元、正〉
    - 3 和気王→岡真人（天平勝宝七、六）
    - 3 三使王→山辺真人（宝亀二、九）
  - 2 三嶋王〈養老七、正〉——3 林王→山辺真人（宝亀二、九）
  - 2 船王〈神亀四、正〉——3 葦田王→三長真人（天平宝字八、九）
  - 2 池田王〈天平七、四〉——3 〇→御長真人（天平宝字七、八）
  - 2 守部王〈天平十二、正〉——3 笠王→三長真人（天平宝字八、九）・山辺真人（宝亀二、九）
  - 2 御浦王
  - 2 出水井王
  - 2 大炊王（淳仁）
- 1 新田部皇子〈文武四、正〉
  - 2 塩焼王〈天平五、三〉→氷上真人（天平宝字元、七）
  - 2 道祖王〈天平九、九〉
  - 2 長野王——3 乙枚王〈延暦十、正〉——4 春上王→三原朝臣
- ……系譜不詳二世王……
  - 2 大市王〈慶雲元、正〉
  - 2 手嶋王〈慶雲元、正〉
  - 2 気多王〈慶雲元、正〉
  - 2 夜須王〈慶雲元、正〉
  - 2 宇大王〈慶雲元、正〉
  - 2 成会王〈慶雲元、正〉
  - 2 安八万王〈慶雲二、正〉
  - 2 六人部王〈和銅三、正〉
  - 2 倭王〈和銅五、正〉
  - 2 高田王〈神亀元、二〉
  - 2 御室王〈天平十五、五〉

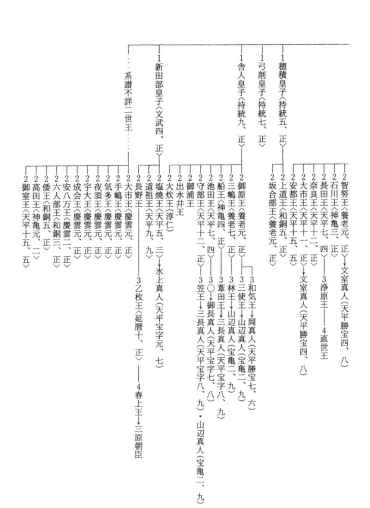

この皇子たちの子にあたる諸王が、本書の主役となる二世王になる。まずは、彼らの系図を示してみよう（系図1）。

これによると、名前の判明している二世王は、草壁系が一人（文武《もんむ》）、高市系が三人、大津系が見えず、舎人系が八人、長系が八人、弓削系が見えず、新田部系が三人、穂積系が二人、忍壁系が三人、磯城系が三人、系譜不詳が一一人、計四二人となる。

虎尾達哉《とらおたつや》氏によれば、二世王は位階制、王禄制、服制、朝賀に際しての列位などにおいて、他の諸王と区別され優遇されていた（虎尾達哉「孫王について―関係史料の検討―」、『続日本紀研究』第二五六号掲載、一九八八年）。二世王が制度上優遇されていたのは、二世王だからというよりも、天武孫王として、天武朝に活動した諸王の子孫とはまったく系譜的に異なることによるものであろう。それはともかく、虎尾氏が、二世王が官僚組織を超越しつつ皇権《こうけん》を擁護するところの「藩屏《はんぺい》」として位置づけられていたと理解されたことには、私は賛同するわけにはいかない。制度的な優遇と政治的な実体とは峻別すべきであり、二世王の政治的役割については、別の角度から究明していかなければならない。

## 官人としての天武系皇親

まずは、官人としての天武系諸王を概観してみよう。八世紀前半に蔭叙《おんじょ》を受けた天武系諸王は五一名、そのうち二世王は四〇名である。

先に述べたように、大宝選任令・蔭皇親条によると、二世王は従四位下、三・四世王は従五位下に、それぞれ叙爵されることになる。しかし、池田久《いけだひさし》氏の研究によれば、皇親は出身に際しては、（舎人《とねり》のような）特定のポストに就くのではなく、「無位《むい》の皇親」として天皇に仕え、蔭叙の機を待つ、という不安定な出身方式が一般的なパターンであり、次第に定例の蔭叙が停滞し、高齢になるまで無位のまま出仕した王が多く存在することになったという（池田久「皇蔭制に関する覚書」、『皇學館大學史料編纂所報　史料』第七〇号掲載、一九八四年）。彼らの多くは、出身年齢は迎えたものの、「無役」の官人層としての扱いしかなされなかったものと思われる。神護景雲元年（七六七）に出された詔に、

詔して曰はく、「今諸王を見るに、年老いたる者衆《ひとおお》し。その中に、或《ある》は勤労優《ごんろうゆう》すべきあり、或は朕《わ》が情《こころ》に憐む所あり。故《かれ》、その状《さま》に随ひて並に爵級《くらいのしな》を賜はむ。……」

と見えるが（神護景雲元年正月己巳《十八》条）、老齢で無位の諸王は、律令制成立直後から、多数存在したのであろう（「勤労優すべきある」者は少なかったであろうが）。

さて、八世紀前半に蔭叙を受けた天武系諸王五一名の昇進の状況を見てみる。まず、蔭叙された位階は、長屋《ながや》王の正四位上を除いた五〇名が、大宝選任令・蔭皇親条の規定に則って、高い蔭階《おんかい》に蔭叙されている。

ところが、蔭叙されてから一度も位階を昇進されなかった皇親の数を数えてみると、二二名にも達する。蔭叙されて以後に昇叙《しょうじょ》を受けた諸王についても、昇進はきわめてテンポの遅いものであった。昇叙を経験した諸王二九名のうち、一〇名は一回しか昇叙を受けておらず、しかも、蔭叙されてから最初の昇叙を受けるまでの期間は、平均九・二年に達する。したがって、律令制下の天武系皇親は、蔭叙の際の位階こそ上級官人に相応《ふさわ》しいものであったが、その後はほとんどの者が大きな昇進を示すことなく終わってしまったと言えよう。彼らの蔭階は、彼らの昇進し得る上限にきわめて近いものであったことになる。

次に、官職への任官という視座から見てみよう。八世紀前半までは、諸臣の高位者（特に四位官人）はきわめて少なく、それ以前には、律令上級官職に任命されるための相当位を帯した官人のなかで、諸王の占める割合は相当に大きくならざるを得なかった。その結果、奈良時代前半には、八省卿などの重職のうち、かなりの部分を諸王が占めることとなった。特に従四位下に蔭叙された天武系二世王は、二二例の八省卿への任官を示している。

ところが、天平年間以降、諸臣（特に藤原氏）が、位階の上昇によって高官に任官される例が増加した。位階の昇進がほとんどなかった諸王は、奈良時代後半には、わずかに内《ない》廷《てい》官司（多くは寮、司《し》）の長官程度にしか任命され得なくなった。高い蔭階がかえって任官への障碍《しょうがい》となり、散位《さんい》のまま過ごさざるを得なかった諸王が増加した結果である。また、奈良時代には新たな二世王が誕生することがなかったことも、大きく影響しているのであろう。

以上、皇親の官人としての地位の低下をたどってきたが、重要なのは、律令制成立当初における皇親の八省卿への高い任官比率は、決して従来言われてきたような「皇親政治」を意味するものではないという点である。彼らは律令制成立当初における諸臣の高位者の少なさという偶然の状況のなかで、その位階に相当する官職に任命されただけであって、「天皇権力の藩屏」たる役割など負わされ得るはずはなかったのである。

**天武系皇親の新たな悲劇**

これまで見てきたような、律令制成立に伴う皇親の地位の低下は、当初から十分予想されたことであろうし、皇親がそのことに反発した形跡も見えず、逆に進んで古代国家の表舞台から姿を消し、国政を主導する官僚層としての座を藤原氏に譲ったかの観もある。

しかしながら、天武系皇親には新たな悲劇が待ち受けていた。奈良時代には女帝が続き、また文武・聖武《しょうむ》という男帝も、本来皇位を継承すべき親王をほとんど残すことはなく、天武皇子の子や孫が、皇位継承有資格者となってしまったからである。

荒木敏夫《あらきとしお》氏が指摘されたように、日本の古代貴族は、王権を血縁的に構成する有力皇胤《こういん》との結合を通じてしか自己の氏族の利害を貫きえなかった（荒木敏夫『日本古代の皇太子』、吉川弘文館、一九八五年）。日本古代における政変が、皇位そのものではなく、皇嗣《こうし》をめぐっての争いのなかで起こったことは、このような古代氏族層の脆弱《ぜいじゃく》さによるものである。

ここで、奈良時代の皇親が関わらざるを得なかった種々の政変や政治的事件に際しての、皇親の行動パターンを表示しておく。

個々の事件の詳細は、次章以降において論じることとして、この表を見てまず読み取れるのは、皇親の政治的立場の弱さと脆さである。数度の事件にわたって常に反王権の立場に立つ者もいれば、常に王権側に付く者もいる。また、二度の事件にわたって王権側に立ち（うち、一度は乱の密告者となっている）、最後にみずから謀反《むへん》を起こす者もいる。近親の者同士でも対立する派に属し、しばしば近親者を密告しなければならなかったという皇親の行動は、その政治的立場を端的に表わしている。これまで一般に「皇親勢力」と呼ば

皇親が関与した政治事件

| 年　月 | 事件名 | 首謀者側、および連座した皇親 | 王権側に付いた皇親 | 密告者の皇親 |
|---|---|---|---|---|
| 和銅六、十一 | 文武天皇皇子廃退 | 広成（広世）皇子 | | |
| 養老六、正 | 多治比三宅麻呂謀反誣告 | 多治比真人三宅麻呂、同祖人、同名負、同東人 | | |
| 天平元、二 | 長屋王の変 | 長屋王、吉備内親王、膳夫王、葛木王、鉤取王 | 舎人親王、新田部親王、多治比真人池守 | |
| 天平十四、十 | 塩焼王配流 | 塩焼王、不破内親王 | | |
| 天平十六、閏正 | 安積親王暗殺 | 安積親王 | | |
| 天平十七 | 橘奈良麻呂の陰謀 | 黄文王、多治比真人国人、同犢養 | | |
| 天平勝宝七、十一 | 橘諸兄事件 | 橘朝臣諸兄 | | |
| 天平勝宝八、四 | 橘奈良麻呂の陰謀 | 黄文王 | | |
| 天平勝宝八、五 | 淡海三船朝廷誹謗 | 淡海真人三船 | | |
| 天平勝宝八、五 | 大伴古慈斐朝廷誹謗 | | | 淡海真人三船 |
| 天平宝字元、三 | 道祖王廃太子 | 道祖王 | | |
| 天平宝字元、七 | 橘奈良麻呂の変 | 黄文王、安宿王、道祖王、塩焼王、多治比真人犢養、同礼麻呂、同鷹主、同広足、同国人 | 船王 | 山背王 |
| 天平宝字元 | 殺人事件 | 伊刀王 | | |

| 年月 | 事件名 | 首謀者側、および連座した皇親 | 王権側に付いた皇親 | 密告者の皇親 |
|---|---|---|---|---|
| 天平宝字五、三 | 殺人事件 | 葦原王 | | |
| 天平宝字八、九 | 恵美押勝の乱 | 船親王、池田親王、氷上真人塩焼、葦田王、他田王、津守王、豊浦王、宮子王、仲真人石伴 | 白壁王、山村王、荻田王、淡海真人三船 | 和気王 |
| 天平宝字八、十 | 淳仁天皇廃帝 | 船親王、池田親王、笠王、何鹿王、為奈王、山口王、長津王、林王、飛鳥田内親王、河辺女王、葛女王、当麻真人山背 | 和気王、山村王 | |
| 天平神護元、八 | 和気王謀反 | 和気王、大伴王、長岡王、名草王、山階王、采女王 | | |
| 天平神護元、十 | 淡路廃帝薨去 | 大炊親王 | | |
| 神護景雲元、六 | 淡海三船解任 | 淡海真人三船 | | |
| 神護景雲三、五 | 不破内親王巫蠱事件 | 不破内親王、忍坂女王、石田女王、河内女王、氷上真人志計志麻呂 | | |
| 宝亀二、八 | 丹比乙女誣告事件 | 忍坂女王 | | |
| 宝亀三、二以前 | 小月王流罪 | 小月王 | | |
| 宝亀三、三 | 井上内親王廃后 | 井上内親王 | | |
| 宝亀三、五 | 他戸親王廃太子 | 他戸親王 | | |
| 宝亀三、十 | 菅生王除名 | 菅生王、小家内親王 | | |

| | | | | |
|---|---|---|---|---|
| 宝亀四、十 | 井上内親王厭魅事件 | 井上内親王、他戸親王 | | |
| 延暦元、閏正 | 氷上川継謀反 | 氷上真人川継、不破内親王、宇治王、三方王、大原真人美気 | | |
| 延暦元、三 | 三方王厭魅事件 | 三方王、弓削女王 | | |
| 延暦四、九 | 藤原種継暗殺事件 | 五百枝王 | | |
| 延暦四、十 | 早良親王廃太子 | 早良親王 | | |
| 延暦十二、十 | 深草王配流 | 深草王 | | |

れてきた血縁組織の結合関係の実体は、実はこのように脆弱なものだったのである。

皇権が不安定になり藤原氏の専権が確立しかかったこの時代においては、他の古代氏族は有力皇親と結合することによって起死回生の勢力挽回《ばんかい》をはかり、その結果、数々の事件の主役として多くの皇親が抹殺されたのである。皇位を狙う動きを戒めた称徳《しょうとく》天皇の宣命には、元正《げんしょう》太上天皇の遺《い》詔《しょう》として次のような詞《ことば》が見える（神護景雲三年十月乙未朔条）。

朕《わ》が教へ給ふ御命《おおみこと》に順《したが》はずして王等《おおきみたち》は己《おの》が得《う》ましじき帝の尊き宝《み》位《くらい》を望み求め、人をいざなひ悪しく穢《きたな》き心を以て逆《さかしま》に在る謀《はかりこと》を起《た》て、臣等《おみたち》は己《おの》がひきひき是に託《つ》き彼に依りつつ頑《かたくな》に无礼《いやな》き心を念ひて横《よこしま》の謀を構ふ。

古代貴族と皇親との関係を、見事に示した詞と言えよう。

そして皇親にとっては、これらの事変への関係を避けるためには、次に挙げるような選択肢しか残されていなかったと言える。

## 天武系皇親の対応

一つには、政治への積極的な関与を避け、不熱心な勤務態度を取り、高位高官に上ることは望まないようにすることである。高い地位に上らず、無能な人間として周囲から認識されていれば、まさかそれを担《かつ》いで謀反を起こそうと考える貴族はいなくなるわけである。皇親一般に見られる、勤務への不熱心な態度は、周囲からの期待と危険視を避けるための、精一杯のカムフラージュだったのかもしれない。それでも安心できない場合は、さらなる放蕩《ほうとう》を続けるか、あるいは出家してしまうのが良策であったかもしれない。天智皇孫に過ぎなかった白壁《しらかべ》王でさえ、王権からの危険視を恐れながら、

勝宝より以来《このかた》、皇極《あまつひつぎ》弐《つぎて》無く、人彼此《かれこれ》を疑ひて、罪《つみな》ひ廃せらるる者《ひと》多し。天皇《すめらみこと》、深く横禍《こうか》の時を顧みて、或は酒を縦《ほしきまにま》にして迹《あと》を晦《かく》す。故《ゆえ》を以《もち》て、害《わざわい》を免《まぬか》ることは数《あまたたび》なり。

という雌伏《しふく》の時を送っていたのであるし（光仁《こうにん》天皇即位前紀）、文室《ふんや》真人邑珍《おおち》（大市王。長親王の子）の薨伝《こうでん》（宝亀十一年十一月戊子《廿八》条）にも、

勝宝以後、宗室・枝族《しぞく》、辜《つみ》に陥《おちい》る者衆《ひとおお》し。邑珍、髪を剃りて沙門《しやもん》と為り、以て自ら全

くせむことを図る。

と、すでに臣籍《しんせき》に下っていた邑珍が、身を全《まっと》うするために出家したことが見える。

いま一つには、皇位継承権を放棄《ほうき》する証《あかし》として、皇親籍を離れて臣籍に降下することである。奈良時代末期には、天武系皇親が絶えてしまったことによって、臣籍降下者でさえも、皇位継承者候補となってしまったのであるが、奈良時代後半までは、とりあえずは身の安全をはかりながら、高位高官に至ることのできそうな選択肢であったものと思われる。

以上、律令制下の天武系皇親は、尊貴《そんき》な存在として四位程度の高位に上り、奈良時代前半にはそれに相応しい高官に就くものの、やむなく皇位継承有資格者となってしまい、数々の事件に巻き込まれて葬《ほうむ》られ、生き残った者は臣籍に降下して王権からの危険視を回避せざるを得なかったことを見通した。

いずれにしても、彼ら皇親は王権を囲繞して擁護する「藩屏」になどなり得ようはずはなく、逆に律令国家の権力の中核的な部分からは、無能で危険な「前時代の遺物」として認識されていたであろうことは、十分に推察されるところである。律令国家がみずからの周囲を固める「藩屏」として選んだのは、王権と父方の血縁で連なる皇親ではなく、異なる原理で王権と連なる政治勢力だったのである。

# 奈良朝前期の政変と皇親

# 石川嬪所生文武皇子の皇籍剥奪事件

## 文武天皇の后妃

「後皇子尊《のちのみこのみこと》」と称された高市《たけち》皇子が薨《こう》じた後、六人も残っていた天武《てんむ》皇子をさしおいてようやく即位した文武《もんむ》天皇であったが、彼は帝王としてもっとも重要なある資質に欠けていた。多くの后妃を置かず、皇后も立てず、皇子をほとんど残すことがなかったのである。文武元年（六九七）の即位の直後に、

藤原《ふじわら》朝臣宮子《みやこ》娘を夫人《ぶにん》とし、紀《き》朝臣竃門《かまど》娘・石川《いしかわ》朝臣刀子《とね》娘を妃《ひ》とす。

と見え（文武元年八月癸未《廿》条）、藤原宮子を夫人、紀竃門娘と石川刀子娘を嬪《ひん》（「妃」は「嬪」の誤りか）とすると定められたとあるが、当時はまだ大宝律令成立以前なので、三人は同格のキサキであった可能性が高い。

これらのうち、宮子は当時中納言《ちゅうなごん》であったと思われる不比等《ふひと》の女《むすめ》、竈門娘は同じく中納言と思われる紀麻呂《まろ》の近親の者であろう。刀子娘は名門蘇我《そが》氏（当時は石川氏）の一員で、天智《てんじ》朝の大臣《おおまえつきみ》蘇我連子《むらじこ》の末裔《まつえい》と思われる。また彼女は、石川媼子《おんし》を通じて不比等や武智麻呂《むちまろ》・房前《ふささき》ともミウチ関係にあった。

この三人のなかで、本来もっとも格の高かったのは、六世紀以来七世紀末まで引き続いて大王家の姻戚氏族であった蘇我氏の末裔である石川刀子娘であったはずである。にもかかわらず、藤原宮子がもっとも高い地位であるかのように記されたのは（養老後宮職員令《ごくしきいんりょう》によると、夫人は三位以上、嬪は五位以上）、持統《じとう》太上天皇と結んだ不比等の勢威と、その妻で後宮に大きな勢力を持っていた県犬養三千代《あがたのいぬかいのみちよ》の発言力によるものであろう。

また、当時文武と結婚して皇后となるべき適齢の皇女もほとんどいなかった。天武皇女はすべてすでに結婚しているか死亡していたし（叔母にあたることになる天武皇女と結婚するわけにもいかなかったであろうが）、天智皇女では当耆《たき》皇女・泉《いずみ》皇女・水主《みぬし》皇女が残っていたが、当耆皇女は文武二年、泉皇女は大宝元年（七〇一）に伊勢斎宮《いせのいつきのみや》となってしまい（これは偶然であろうか）、水主皇女も生涯結婚しなかったようである（だいたい、天智皇女は文武よりも少なくとも一〇歳以上も年長である）。

その際、後宮職員令に皇后・妃となれるキサキを皇女のみと定めた不比等の深謀遠慮も、考えるべきであろう。臣下でも皇后となれるのならば、伝統氏族蘇我氏の刀子娘が皇后に立ってしまい、宮子がその下風に立つ事態も想定されるからである。

## 文武天皇の皇子と当時の皇親

このような状況のなか、慶雲四年（七〇七）に崩じた文武が残した皇子は、公式には宮子が大宝元年に産んだ首《おびと》皇子のみであった。奈良朝の数々の政変劇は、この文武の残した皇子の少なさに、すべて起因していたのである（元々草壁《くさかべ》の男子が文武のみであったことにもよるが）。一方では、藤原氏が全力を挙げて首皇子の立太子と即位を画策し、また一方では、はじめての藤原氏所生天皇の即位を肯《がえ》んじない人々の策謀が始まった。そうして、本来は皇位継承とは縁の薄かった天武系二世王が、種々の政変の「看板」として歴史の舞台に登場することとなったのである。

ここで、これから問題とする事件が起こった和銅六年（七一三）時点における天武系皇親を列挙してみよう（系図2参照）。

高市皇子　持統十年（六九六）薨去《こうきょ》、子の長屋《ながや》王が従三位宮内卿《くないのかみ》（三八歳）、鈴鹿《すずか》王・門部《かどべ》王が従四位下（散位《さんい》か）

系図2（和銅六年時点）

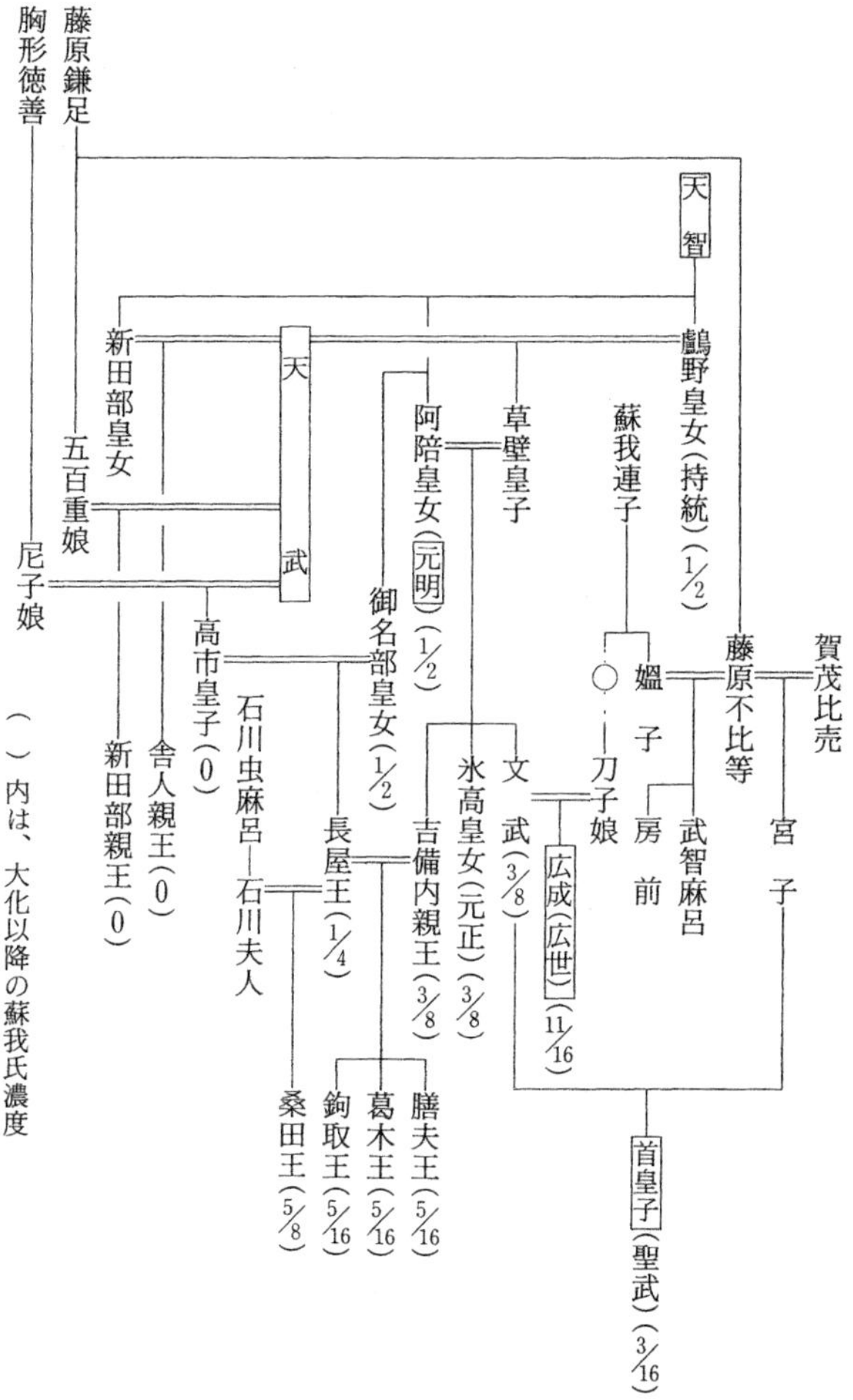


（　）内は、大化以降の蘇我氏濃度
霊亀元年（七一五）薨去の穂積親王・長親王は捨象した

草壁皇子　持統三年（六八九）薨去、孫の首皇子が翌年立太子（一四歳）
大津《おおつ》皇子　朱鳥元年（六八六）薨去、子孫は見えず
刑部《おさかべ》親王　慶雲二年（七〇五）薨去、子の山前《やまさき》王が従四位下（散位か）
磯城《しき》皇子　薨去年不明、子の倭《やまと》王が従四位下（散位か）
舎人《とねり》親王　二品（三八歳）、子は出身以前
長《なが》親王　二品、子の河内《かわち》王が従四位下（散位か）
穂積《ほづみ》親王　二品知太政官事、子の上道《かみつみち》王が従四位下（散位か）
弓削《ゆげ》皇子　文武三年（六九九）薨去、子孫は不明
新田部《にいたべ》親王　二品、子は出身以前

刑死した大津皇子の子孫と、文武三年に薨去した弓削皇子の子孫は、史上に見えず、すでに二系統が消滅してしまっている。天武皇子で生存しているのは、舎人・長・穂積・新田部の四人のみであるが、長・穂積親王は霊亀元年（七一五）に薨去してしまう。当時、皇位継承権を主張できた天武皇子は、舎人・新田部の両親王ぐらいであったものと思われるが、いったん草壁の子（つまり天武二世王）である軽《かる》（文武）の世代にまで降りてきた皇位が、ふたたび天武皇子の世代に遡《さかのぼ》るということは、考えにくいことであった。一方、天武

二世王で皇位継承の可能性の有りそうなのは、長屋王くらいのものであろう。

つまり、文武の残した首皇子と長屋王という選択肢があったことになる。藤原宮子を母とし、藤原安宿媛《あすかべひめ》（光明子《こうみょうし》）を妃とすることが計画されていた首皇子と、御名部《みなべ》皇女を母とし、吉備《きび》内親王を妃としていた長屋王とを比較した場合、「次の次」まで考慮すると、首皇子を皇位継承者として選択するのは、支配者層にとってはあまり面白くないことであったはずである。臣下を母とする天皇が続いては困るという原則論に加えて、藤原氏が何世代にもわたって天皇家の母方氏族となってしまうことになり、その専権が不比等の次の世代以降にも継承される可能性が高くなってしまうからである。

後世の視点から見ると、すでに確立した路線であったかのように見える首皇子の立太子や藤原氏の後宮制覇も、当時の時点に視座を据えて考えると、きわめて危うい綱渡りの末の結果に過ぎないものだったのである。

## 石川嬪所生文武皇子の皇籍剥奪

加えて、文武の残した皇子は、首皇子のみではなかった可能性がある。

和銅六年十一月[五]乙丑条には、

石川・紀の二嬪の号《な》を貶《おと》し、嬪と称《なの》ること得ざらしむ。

という唐突《とうとつ》な記事が見える。この記事に最初に着目された角田文衞《つのだぶんえい》氏は、首皇子を擁する不比等や三千代の執拗《しつよう》にして巧妙な術策によって二嬪は貶黜《へんちゅつ》され、石川刀子娘の産んだ広成《ひろなり》・広世《ひろよ》の二皇子は皇籍《こうせき》を剝奪《はくだつ》されたと考えられた（角田文衞「首皇子の立太子」、『角田文衞著作集　第三巻　律令国家の展開』所収、法蔵館。初出は一九六五年）。

後に高円《たかまど》朝臣に改姓された元文武皇子の石川広成は、広世と同一人物の可能性もあるが、石川嬪所生の文武皇子から皇位継承権を奪うために、石川刀子娘を嬪の位から貶すという陰謀が存在したという角田説の大筋は、認めてもよかろう。また、この事件の黒幕が不比等と三千代であったという推測も、文武皇子の皇籍剝奪によってもっとも大きな利益を得る者を考えれば、首肯すべきである。

広成皇子の皇籍を剝奪して最大の障碍《しょうがい》を除去した不比等は、翌和銅七年六月、あまりに「怪しい」タイミングで、首皇子の立太子に成功している（聖武《しょうむ》天皇即位前紀）。

蘇我氏は大王家の母方氏族として、また大化前代における唯一の大臣氏族として、その尊貴性を認められていた（倉本一宏「古代氏族ソガ氏の終焉」、『日本古代国家成立期の政権構造』所収、吉川弘文館。初出は一九九一年）。天武自身をはじめ、草壁・大津・高市などが、蘇我系皇女を妃としていたことからも、蘇我氏の女性が産んだ男子が、血縁的な尊貴性を獲得できると認識されていたことは、明らかであろう。

そしてその認識は、律令制の時代に至ってもなお、旧守的《きゅうしゅ》な氏族層、あるいは皇親の間に残存していた可能性が高い。皇女所生の文武皇子が得られず、藤原氏の産んだ皇子と、蘇我氏の産んだ皇子とのいずれかを皇嗣としなければならない場合、必ずしも藤原宮子所生の首皇子を推す者ばかりではなかったであろうことは、想像に難くない。また、元明《げんめい》天皇や御名部内親王・氷高《ひだか》内親王（後の元正《げんしょう》）・吉備内親王ら、蘇我氏の血を濃く引く天皇家の女系皇族が、二人の皇子のどちらに強いミウチ意識を抱いていたかは、一概には論じられない問題である。

こうして、持統―不比等（三千代）による、文武―首皇子への直系皇位継承路線と、蘇我系皇族（たとえば氷高や吉備、長屋王、吉備と長屋王との間に生まれた三人の王、長屋王と石川夫人との間に生まれた桑田《くわた》王など）への皇位継承を模索する路線との間に、微妙な雰囲気が生じてきても、不思議はないものと思われる。

不比等と三千代は、これらのうちでもっとも蘇我氏の血の濃かった広成皇子を排除したことになり、以後は首皇子の擁立を急ぐ勢力と、他の蘇我系王族の擁立をも視野に入れる勢力との綱引きが始まることとなる。そしてもちろん、蘇我系王族のなかでもっとも尊貴な血を有していたのは、長屋王とその男子ということになる。

さらに付け加えるならば、他氏所生の皇子を除いていくという、この藤原氏の手法は、これ以後ますます皇位継承有資格者の数を減少させることになり、みずからの首を絞めていくことになる。奈良朝の政変劇の要因は、すでに胚胎《はいたい》されてしまっていたのである。

# 多治比三宅麻呂謀反誣告事件

**皇太子首皇子**

和銅七年（七一四）六月に立太子した首《おびと》皇子は、翌年正月にはじめての拝朝《はいちょう》を行ない、即位への準備が進むかと思われたが、霊亀元年（七一五）と改められたその年の九月には、文武《もんむ》の同母姉の氷高《ひだか》皇女が、元明《げんめい》の禅譲《ぜんじょう》を受けて即位し（元正《げんしょう》天皇）、首皇太子の即位は見送られた。霊亀元年九月庚辰《二》条の元明譲位詔には、

この神器《じんき》を皇太子に譲らむとすれども、年歯《よわい》幼《おさな》く稚《わか》くして未だ深宮《しんきゅう》を離れず。

とあり、年少ゆえに即位できないとされているが、当時一五歳の首皇子に年齢的な問題はなく（文武の即位も同じ一五歳）、やはり首皇太子の即位を潔《いさぎよ》しとしない政治情勢を考慮し

たものであろう。

この頃、藤原不比等《ふじわらのふひと》と県犬養三千代《あがたのいぬかいのみちよ》との間に生まれた安宿媛《あすかべ》（光明子《こうみょうし》）が、霊亀二年に首皇子の妃となり、養老元年（七一七）には不比等二男の房前《ふささき》が朝政に参議《さんぎ》させられるなど、藤原氏の優位が確立しかかっていた。このような時期に、はじめての藤原氏所生の天皇を誕生させることは、氏族層内部、天皇家内部、それぞれの勢力バランスを考慮するならば、憚《はばか》られることであった。元正が中継ぎの女帝であったことは間違いないものと思われるが、それが首皇太子のためだけの中継ぎであったかどうかは、微妙な問題である。他にも即位の可能性のある王たちが、長屋《ながや》王邸に多数存在していたからである。

養老三年正月には、首皇太子は受朝に際して唐風の賛引を受け、六月には、はじめて朝政を聴くなど、着々と即位への道は開かれていったものの、いまだその実現までには、大きな障碍が存在したのであろう。

## 不比等の薨去と皇親

一方、藤原氏の実質的な始祖としてその地歩を築いてきた不比等は、養老四年八月三日、首皇太子の即位を見ることなく薨去《こうきょ》した。
四日、舎人《とねり》親王を知太政官事《ちだいじょうかんじ》、新田部《にいたべ》親王を知五衛《ちごえ》及《および》授刀舎人事《じゅとうしゃにんじ》と為す、
という詔が発せられ、養老五年正月には、長屋王を右大臣《うだいじん》に任じることによって新しい政

府首脳部が形成された。

これら一連の人事をもって、従来は、不比等の死を契機として「皇親勢力」が政界での勢力巻き返しをはかったものと解釈されてきた。しかしながら、長屋王というのは、もともと不比等の推挽《すいばん》によって異数《いすう》の昇進を重ねてきたのであり、不比等女《むすめ》の長娥子《ながこ》を娶《めと》って四人の子女を儲《もう》けていることを併せるならば、あくまで不比等政権の枠内の人物と考えるべきである。また、舎人親王と新田部親王も、後年の長屋王の変に際しては、ともに長屋王邸に赴いて、その罪を窮問《きゆうもん》しているのである。この三人をもって「皇親勢力」などと称するのは、まったく当時の政治の現実を無視した理解であると言わざるを得ない。

それよりも重要なのは、不比等という大看板が倒れたことによって、それまで不比等を中心として微妙な均衡を保ってきた各種の政治バランスが崩れ始めたということである。特に養老五年十二月に元明太上天皇が崩じてからは、天皇家・藤原氏ともに、その中心軸を失い、ちょっとしたきっかけで体制全体が大きく崩れる可能性が出てきたことになる。

それでは、ここで扱う事件が起こった養老六年（七二二）時点における天武《てんむ》系皇親を概観してみよう。天武皇子で生存しているのは、舎人・新田部親王のみである。二世王は、高市《たけち》皇子系　子の長屋王が従二位右大臣（四七歳）、鈴鹿《すずか》王が従四位下（散位か）、

草壁《くさかべ》皇子系　門《かど》部《べ》王が従四位下大判事《だいはんじ》
　　孫の首皇子が皇太子（二二歳）
刑部《おさかべ》親王系　子の山前《やまさき》王・大野《おおの》王が従四位下（散位か）
磯城《しき》皇子系　子の倭《やまと》王・酒部《さかべ》王が従四位下（散位か）
舎人親王系　子の御原《みはら》王が従四位下（散位か）
長《なが》親王系　子の河内《かわち》王・智努《ちぬ》王が従四位下（散位か）
穂積《ほづみ》親王系　子の上道《かみつみち》王が従四位下（散位か）、坂合部《さかいべ》王が従四位下治部卿《じぶのかみ》
新田部親王系　子は出身以前

というところである。各系統で出身した諸王が現われ始めているが、ほとんどは叙爵《じょしゃく》を受けたのみで官職に就かず、散位のままであったものと思われる。政権首班《しゅはん》の長屋王のみが突出した存在であったと言える。

後に述べるように、長屋王は親王に准じる扱いを受けていたのであり、その子も二世王として扱われていた。王権側からの、草壁皇統の万が一の際のスペアとしての長屋王家への期待が窺《うかが》えよう。

また、舎人・新田部親王は、「宗室《そうしつ》の年長」として首皇太子を擁護《ようご》することを、王権側

から期待されていた。養老三年には、両親王は、「年歯猶《なお》稚《おさな》くして政道に閑《なら》はず」と称された皇太子を輔佐《ほさ》・翼賛《よくさん》せよとの元正天皇の詔を受けている（養老三年十月辛丑《十七》条）。

そのような情勢のなか、多治比三宅麻呂《たじひのみやけまろ》が謀反《むへん》を誣告《ぶこく》するという事件が起こった。これも唐突に養老六年正月壬戌《廿》条に、次のように見える。

## 多治比三宅麻呂謀反誣告事件

正四位上多治比真人三宅麻呂、謀反を誣告し、正五位上穂積《ほづみ》朝臣老《おゆ》、乗輿《じょうよ》を指斥《ししゃく》すといふに坐《つみ》せられて、並に斬刑《ざんぎょう》に処せらる。而《しか》るに皇太子の奏に依りて、死一等降《くだ》して、三宅麻呂を伊豆《いず》嶋に、老を佐渡《さど》嶋に配流《はいる》す。

「謀反を誣告す」とは、ありもしない謀反（君主殺害・廃位《はいい》の予備・陰謀）について虚偽の告発をすることで、闘訟《とうしょう》律・誣告謀反大逆条では斬刑と規定されている。「乗輿を指斥す」とは、天子を指さして非難することで、職制《しきせい》律・指斥乗輿条では情状が過激にわたった場合には斬刑と規定されている。

この記事のみでは、この事件の詳細は不明と言うほかはないのであるが、一般論としては、多治比三宅麻呂の謀反誣告と穂積老の乗輿指斥とは、互いに関連するものと見るべきであろう。そしてその場合、乗輿が天子を指すことから、老が非難した対手は元正天皇を指すものと見なければならない。

元明天皇が即位した慶雲四年（七〇七）には首皇子はまだ七歳に過ぎず、まさに幼少であったため、中継ぎとしての元明即位には、それなりの説得力があった。しかし、もう一人の中継ぎである元正天皇が即位した霊亀元年には、首皇子はすでに一五歳、そして元明太上天皇が崩じた養老五年には二一歳に達しており、首皇太子の即位を望む勢力にとっては、もはや機は熟していると感じられていたであろう。また、奈良時代前半には、太上天皇はほぼ常時存在して、天皇を後見していた（倉本一宏「律令国家の政権中枢」、『日本古代国家成立期の政権構造』所収、吉川弘文館、一九九七年）。養老五年十二月の元明太上天皇崩御を承けて、元正天皇も退位を行ない、太上天皇として新天皇を後見すべきであるという空気が、宮廷内に大きくなっていたであろうことは、想像に難くない。

穂積老は、この空気を敏感に察知し、元正の退位を求めるかの言辞を吐いて、首皇太子や藤原氏に媚《こ》びようとしたものと考えられる。しかしながら、首皇太子の即位を望んではいなかった勢力にとっては、この動きは「廃位の予備」としての謀反にあたると認識されたのであろう。首皇太子の即位をできる限り先延ばしにするためには、限界まで元正を天皇のままで続投させ、次の皇嗣の成長を待つ必要があったのである（首皇太子の脆弱さは、周知のことだったであろう）。多治比三宅麻呂は、逆に穂積老の「謀反」を告発することによって、政権首班の長屋王や、もしかすると元正自身に取り入ろうとしたのであろう。

藤原不比等、そして元明太上天皇の死という不穏な政治情勢のなかで、さまざまな思惑の下に、さまざまな陰謀が企てられていたということは、すでに指摘されているが（岸俊《きしとし》男《お》「元明太上天皇の崩御—八世紀における皇権の所在—」、『日本古代政治史研究』所収、塙書房。初出は一九六五年）、たまたまこの二人の言動のみが表面化してしまったことになる。元正としても、長屋王としても、また藤原房前や武智麻呂《むちまろ》としても、事が表沙汰となった以上、見過ごすわけにはいくまい。大部分の者が思っていることでありながら、現在の天皇に直接関わる大罪にあたる行為が表立ってしまった場合、為政者としてはどのような行動を取ればよいのであろうか。

おそらくは大義名分にとらわれていた長屋王が、この事件の処置を決定しかねていた時、この事件を逆手にとって、首皇太子の政治的発言力と仁徳を強調する手段に出たのが、『藤氏家伝』下によれば養老三年に東宮傅《とうぐうふ》に任じられて以来、皇太子を賛《たす》け衛《まも》ってきた武智麻呂と、「内臣」藤原房前を中心とした藤原氏だったのではあるまいか。事件の顚末は、当事者たちの当初の思惑とはまったく別のかたちで決着したことになる。三宅麻呂の同族の大納言《だいなごん》池守《いけもり》がまったく処分を受けていないことも、結局は事件が藤原氏や首皇太子の望むように決着したことの表われであろう。

また、この事件で処分された多治比三宅麻呂が、皇親氏族多治比氏の出身であったことの意義も、見逃すわけにはいかない。三宅麻呂は、世代的には左大臣嶋《さだいじんしま》の次の世代に相当すると思われるが、多治比氏内部では、従三位大納言池守の次の序列であった。正四位上民部卿《みんぶのかみ》兼河内《かわち》国摂官《しょうかん》といえば、かなりの高位高官であり（『公卿補任』養老五年には、「参議」とも見える）、謀反の密告によって政権に取り入ろうとするような立場ではないはずである。やはり普通の諸王よりも早く歴史的使命を終えた皇親氏族の者にとっては、往年の繁栄を回復するための焦りがあったのであろう。

なお、天平十二年（七四〇）六月庚午《十五》条には、流人穂積朝臣老、多治比真人祖人《おやひと》・名《な》負《おい》・東人《あずまひと》らを入京させよとの処置が執られている。多治比三宅麻呂についての記事がないのは、すでに伊豆島で没していたことによるのであろう。

# 長屋王の変

## 長屋王の政治

不比等《ふひと》薨去後、政権首班となった長屋王《ながや》であったが、その権力基盤は、高市《たけち》皇子と御名部《みなべ》皇女（元明《げんめい》の姉）との間に生まれた子であるということと、吉備《きび》内親王（草壁《くさかべ》皇子と元明との子、元正《げんしょう》の姉妹）の夫であるという、二つの血筋による、元明太上天皇の恩顧《おんこ》に基づくものであった。

もともと長屋王は、慶雲元年（七〇四）に、選任《せんにん》令の規定による二世王の蔭階《おんかい》を三階も上回る正四位上に初叙されるなど、「別勅処分」による親王扱いを受けていた。その後も和銅七年（七一四）正月、長《なが》・舎人《とねり》・新田部《にいたべ》・志紀《しき》親王とともに、諸王ではただ一人、益《えき》封《ふう》に預かり、霊亀元年（七一五）二月、勅により吉備内親王所生の長屋王の子女が皇孫の例に入れられるなど、この一家の特別待遇は続いていた。特に後者は、長屋王や吉備内親王のみならず、所生の諸王（膳夫《かしわで》王・葛木《かつらぎ》王・鉤取《かぎとり》王）が皇位継承権を有していることを宮廷社会に周知させたことになり、これらが広大な「長屋王邸」に同居している姿は、巨大な皇位継承有資格者のストックの様相を呈していたはずである。

　長屋王邸と言えば、この邸宅から出土した「長屋王家木簡」には、「長屋親王《みこ》宮」「長屋皇《みこ》宮」「山形皇子《みこ》」「竹野皇子《みこ》」「石川夫人《おおとじ》」「石川　嬪《おおとじ》」「勅旨《おおみこと》」「幸行《いでまし》」「侍従《おもとひと》」「帳内《とねり》」など、令制的な使用法から見れば過大な用法が用いられている例が多々見られる（釈文は奈良国立文化財研究所編『平城京木簡　一――長屋王家木簡　一――』（吉川弘文館、一九九五年）および同編『平城宮発掘調査出土木簡概報（二十一）――長屋王家木簡　一――』（一九八九年）、訓は東《とう》野治之《はるゆき》「長屋王家木簡の文体と用語」（『長屋王家木簡の研究』所収、塙書房。初出は一九九一年）による）。いくら古来の和語に漢字を該《あ》てたものとはいえ、また、邸内においてのみ

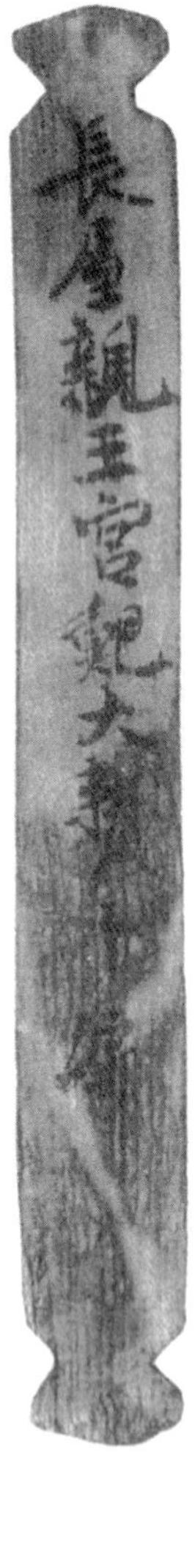

図1　長屋王家木簡（奈良国立文化財研究所蔵）

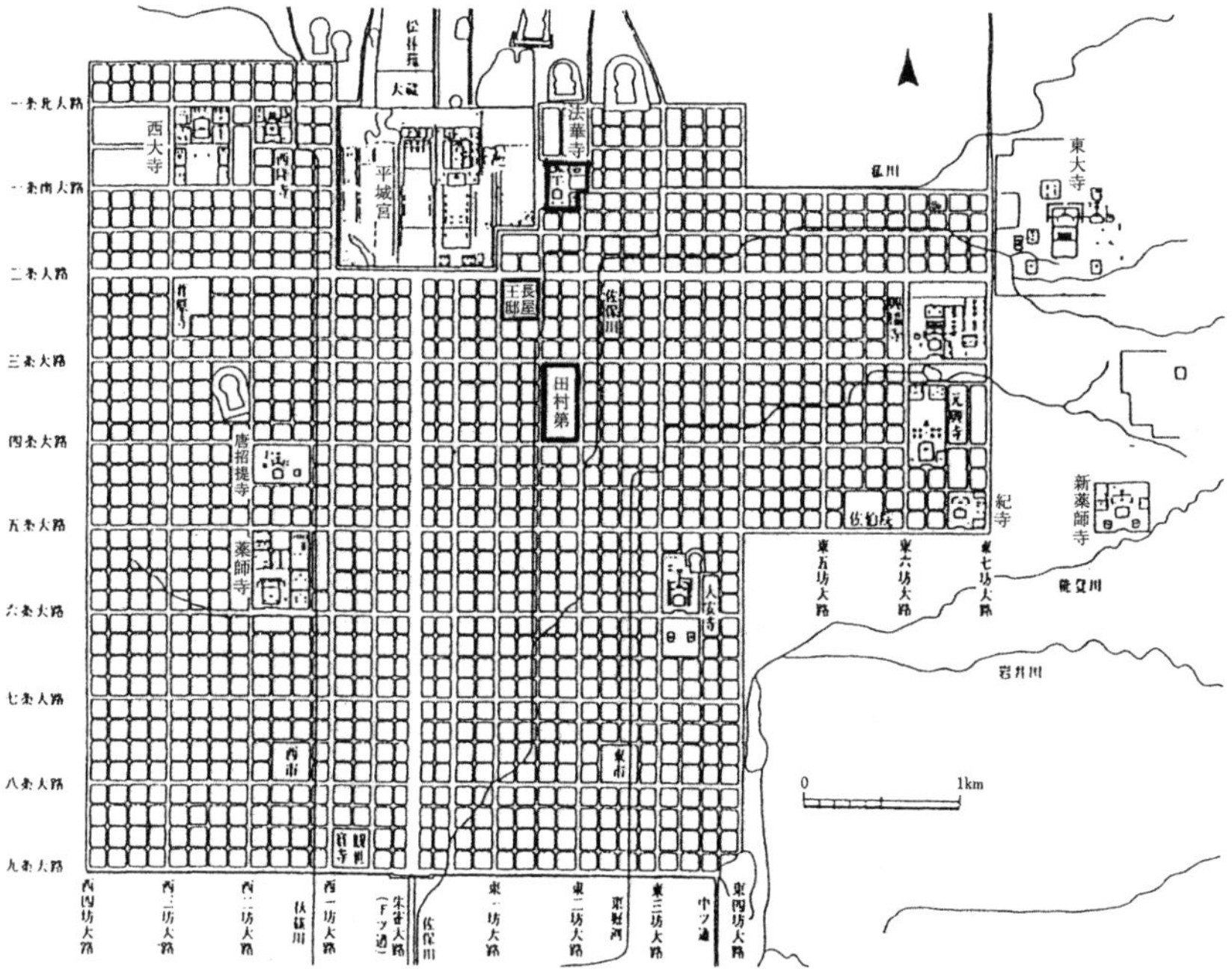

図２　平城京図（小澤毅氏作成のものに加筆した）

使用されたものとはいえ、これらの用語が邸外に知られてしまったら（その可能性が強かったであろうが）、天皇に対して不敬の誹《そし》りは免れまい。長屋王本人は、天皇をまったくの自分のミウチとして認識していたのであろうが、敵対勢力からこれらを衝《つ》かれた場合、釈明の仕様はない。長屋王一族は、政治の機微など意識しないまま、まったくの無防備でみずからの権勢を謳歌していたのであろうか。

しかし、その権力基盤は非常に脆いものであり、後見の元明の死とともに容易に崩れていく性質のものであった。養老五年（七二一）、元明太上天皇の崩御に際しては、十月十三日に房前《ふささき》とともに形式的に遺詔《いしょう》を受けた長屋王であったが、二十四日に、内臣《うちつまえつきみ》として内廷・外廷を計会し、勅に准じて施行せよという巨大な権力を元正天皇から与えられたのは、房前の方であった。一方、十二月に元明という後見を失った長屋王の権力は、宮廷社会のなかで次第に孤立していくことになる。

この間、長屋王の主導した政治は、政治の行きづまりを天の咎徴《きゅうちょう》とみる儒教の災異説《さいいせつ》の立場に立つものとされている（川崎庸之《かわさきつねゆき》「長屋王時代―万葉集の周辺―」、『川崎庸之歴史著作選集　第1巻　記紀万葉の世界』所収、東京大学出版会。初出は一九四八年）。たしかに川崎氏が指摘されたように、政治の実際面に直接の経験をもたない長屋王が、その政治の得失を判定する標準を災異説に見いだしたということは、決して偶然とは言えない。

しかしながら、災異によって政治の得失を判断するという理念は、政治というものが支配者層の総意と結集、そして妥協に基づいて行なわれるものである以上、えてして独善的な理想主義に陥る危険性を内包している。たとえば神亀四年（七二七）、文武の主典《さかん》以上の官人を召集し、聖武《しょうむ》天皇の勅を長屋王が口頭で宣布している（神亀四年二月甲子《廿一》条）。そこでは、災異がしきりに起こるのは、自分（聖武）が徳を施す方途を知らないため、懈《おこた》り欠けることがあるからであろうか、それとも百寮の官人が奉公に勤めないためであろうか、と言っている。天皇の不徳と官人の怠慢とを、ともに譴責《けんせき》しているのである。このような長屋王の態度は、王権からも官人層からも、すなわち支配者層全体から、その存在を孤立させてしまうことになったはずである。特に天皇の不徳を責めるという態度は、後に述べるように、長屋王の変に際しても大きな影響を与えたに違いない。

### 首皇子の即位と藤原宮子大夫人号事件

神亀元年二月四日、いよいよ首《おびと》皇太子が即位し、聖武天皇となった。神亀元年二月甲午《四》条の即位詔で、

天地《あめつち》の心も労《いたわ》しく重《いか》しく、百官《もものつかさ》の情《こころ》も辱《かたじけな》み愧《はずか》しみなも、神《かん》ながら念《おもほ》し坐《ま》す。

と告白し、その劣等感を隠そうとしなかった聖武ではあったが（「官人たちの内心を思うと恥ずかしく気遅れする」天皇など、前代未聞であろう）、その一方で左大臣に任じられた長屋王の権力の退潮は、覆うべくもなかった。

即位の日、その生母で文武天皇の夫人《ぶにん》であった藤原宮子《ふじわらのみやこ》を「大夫人《だいぶにん》」と称するという決定が下された。ところが一ヵ月半を経て、この決定にはどこからか異議が出た。公式令《くしき》では皇太夫人《こうたいぶにん》と云っているのに、ここでは「大夫人」とある、このままでは違勅《いちょく》となるので、進止《しんし》を仰ぎたい、というのである。その結果、文書では皇太夫人と、口頭では大御祖《おおみおや》として、先勅を追収して、後の号を頒布せよ、との決定がなされた。

この事件は、従来は天皇の「恣意《しい》」に対する議政官《ぎせいかん》組織の制約という観点で解釈されていた（早川庄八《はやかわしょうはち》「大宝令制太政官の成立をめぐって」、『日本古代官僚制の研究』所収、岩波書店。初出は一九七九年）。しかし、私見によればそうではない。むしろ、首皇太子の即位に際して、その生母の称号を令制どおりのものから「皇」字を除かせて宣せさせたのが長屋王であったと考えている。そして、それに対して藤原四子が反撃し、実務官人に提出させた異議を太政官で議定させ、その議定を主導して、宮子の称号を令制どおりの皇太夫人とするという決定を出させたものと推測している。議定の結果は、太政官首班である長屋王の名で奏聞させて、聖武の裁可を得、称号の改変に成功したというのが、この事件の顚末であろうと思われる（詳しくは倉本一宏「律令貴族論をめぐって」〈『日本古代国家成立期の政権構造』所収、吉川弘文館。初出は一九八七年〉を参照されたい）。

そして、この事件は結果的には藤原四子、あるいは聖武の当初の思惑どおり、宮子の称号が少なくとも文書上では令制どおりの皇太夫人となることで結着し、宮子および藤原氏の勢力伸長の一つのステップとなった。特に、宮子の称号に「皇《すめら》」字を付けることに成功したという点は、新興の藤原氏の出身であっても、後宮に勢力を植え付けて天皇家とミウチ関係を結ぶことによって、准皇親としての地位を得ることができるという認識を支配者層に周知させたものであり、後の光明《こうみょう》立后への制約を一つ取り除いたことになったのである。

### 聖武朝の長屋王と皇親

聖武天皇即位後の政治は、行幸・遊宴の活発化、写経・読経・造仏・放生《ほうじょう》の頻繁化という、それまでとは異なった様相が随所に現われ、そこから聖武天皇の専制君主《せんせいくんしゅ》的な風貌を窺うことができるとされている（笹山晴生《ささやまはるお》「奈良朝政治の推移」、『奈良の都―その光と影』所収、吉川弘文館。初出は一九六二年）。その背景に藤原四子の政治進出があることは明らかであり、もはや政権の首班にありながら、長屋王時代とは言えなくなってきているのである。

ここで、長屋王の変が起こった天平元年（七二九）時点における天武《てんむ》系皇親を概観してみよう。天武皇子で生存しているのは、舎人親王（一品知太政官事、五四歳）、新田部親王（一品知五衛及授刀舎人事）のみである（系図3参照）。

高市皇子系　子の長屋王が正二位左大臣（五四歳）、孫の膳夫王が従四位下（散位か）、子の鈴鹿《すずか》王が従四位上大蔵卿《おおくらのかみ》、門部《かどべ》王が従四位下（散位か）

草壁《くさかべ》皇子系　孫の首皇子が天皇（二九歳）、曾孫の安積《あさか》親王が二歳、井上《いのうえ》内親王が一三歳、阿倍《あべ》内親王が一二歳

刑部《おさかべ》親王系　子の大野《おおの》王が従四位下（散位か）

磯城《しき》皇子系　子の倭《やまと》王が従四位下（散位か）、酒部《さかべ》王が従四位下弾正尹

舎人親王系　子の御原《みはら》王・三嶋《みしま》王・船《ふね》王が従四位下（散位か）

長親王系　子の智努《ちぬ》王・栗須《くりす》王・石川《いしかわ》王が従四位下（散位か）

穂積《ほづみ》親王系　子の坂合部《さかいべ》王が従四位下（散位か）

新田部親王系　子は出身以前

まだまだ二世王の政治的成長は見られず、天武―持統系皇統直系の阿倍内親王・安積親王、

系図3（天平元年時点）

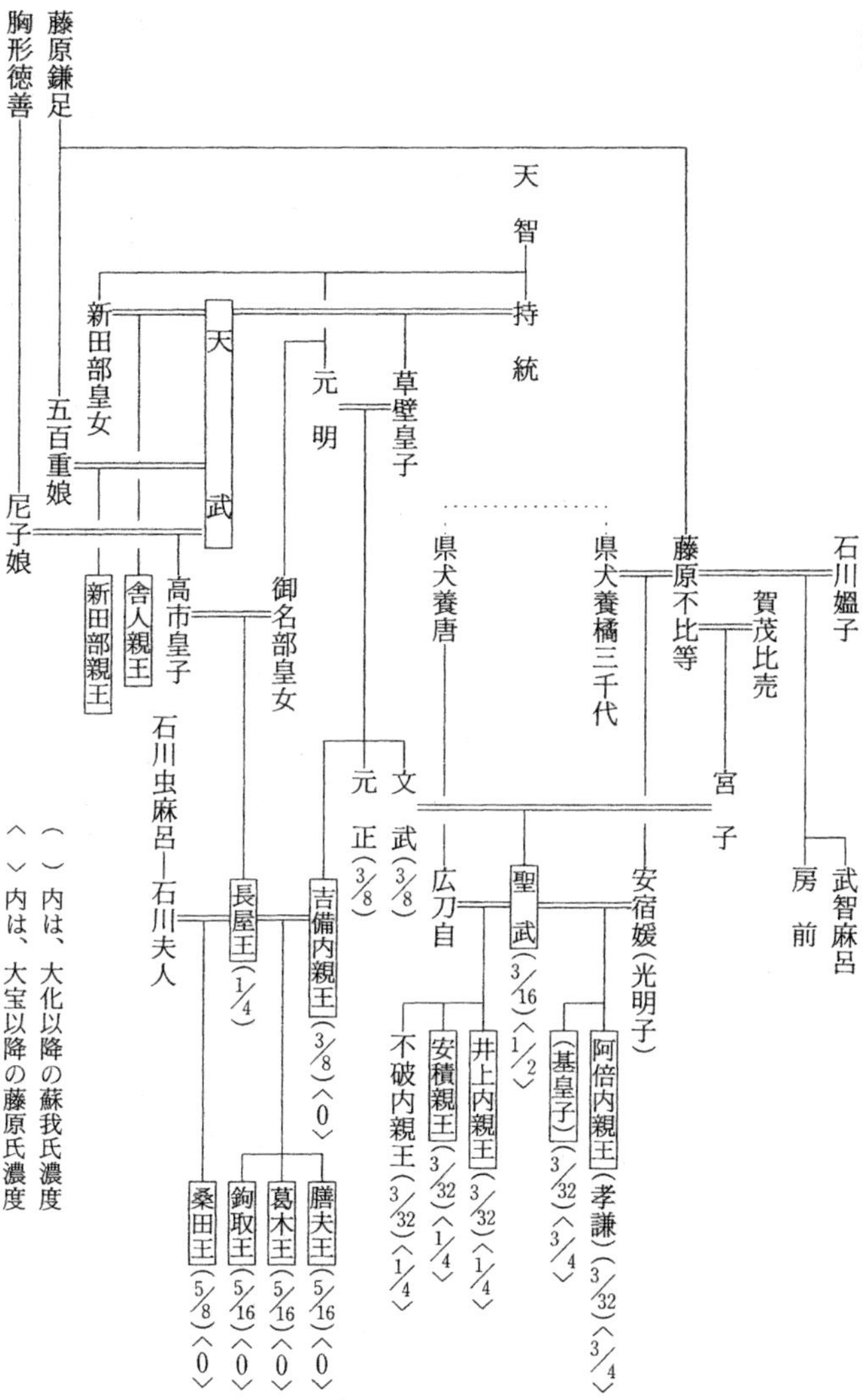
藤原鎌足
胸形徳善
天智
持統
新田部皇女
天武
五百重娘
尼子娘
元明
草壁皇子
御名部皇女
高市皇子
舎人親王
新田部親王
藤原不比等
石川娼子
賀茂比売
県犬養橘三千代
県犬養唐
宮子
文武（3/8）
元正（3/8）
吉備内親王（3/8）〈0〉
長屋王（1/4）
石川虫麻呂―石川夫人
桑田王（5/8）〈0〉
鉤取王（5/16）〈0〉
葛木王（5/16）〈0〉
膳夫王（5/16）〈0〉
広刀自
聖武（3/16）〈1/2〉
安宿媛（光明子）
不破内親王（3/32）〈1/4〉
安積親王（3/32）〈1/4〉
井上内親王（3/32）〈1/4〉
（基皇子）（3/32）〈3/4〉
阿倍内親王（孝謙）（3/32）〈3/4〉
房前
武智麻呂
（ ）内は、大化以降の蘇我氏濃度
〈 〉内は、大宝以降の藤原氏濃度

天武皇子の舎人・新田部親王、皇位継承有資格者として長屋王家の人々（長屋王・吉備内親王・膳夫王）という三者が、有力な皇親として対峙していたことになる。この後、王権、そして藤原四子の、この三極との関わりを軸として、政局が動いていくこととなる。

## 聖武天皇の皇子たち

そのような情勢のなか、聖武天皇の二人の夫人は、次々と皇子女を産んだ。まず県犬養広刀自《あがたのいぬかいのひろとじ》が、後に光仁《こうにん》天皇の皇后となる井上内親王を養老元年に、次いで藤原安宿媛《あすかべひめ》（光明子）が、後に孝謙《こうけん》天皇となる阿倍内親王を養老二年に、それぞれ産んでいる。このうち広刀自は、讃岐《さぬき》守 唐《もろこし》の女《むすめ》とあり、後宮に大きな勢力を持ち、不比等の妻で安宿媛の母であった県犬養 橘《たちばなの》 三千代《みちよ》の近親者である。広刀自の入内は、おそらくは安宿媛と同じ霊亀二年のことと思われるが、三千代、そして不比等は、安宿媛が皇子を産まない場合のスペアとして、同じ三千代の近親者を皇太子首皇子に配したのであろう。自己の擁する皇統の存続に賭ける両者の並々ならぬ意志が読み取れる。この二人の夫人が相次いで子を成したことは、首皇太子にとってこの二人が同等の「格」を有していたことを示している。王権にとっては、次にどちらが先に皇子を産むかが、当面の課題となったはずである。

そして先に皇子を産んだのは、安宿媛の方であった。神亀四年閏九月二十九日、基《もとい》皇子（「某王」の誤写かもしれないが、とりあえずこう記しておく）が、旧不比等邸において誕生したのである。藤原氏の喜びと焦りは大きかった。二人の有力なキサキが存在する場合、一人が懐妊《かいにん》して里居《さとい》している間に、もう一人が懐妊する例が多いのである。十一月二日、皇子の異例の立太子が行なわれた。それは、皇位を聖武の次の世代に降ろし、もはや他の系統に皇位を伝えないことを、支配者層に周知させることになる。また、広刀自が近々第二皇子を産んだ場合にも、この第一皇子の優位性を確保するために、既成事実を作っておく必要があったのであろう。

しかしながら、この藤原氏の行動は、いかにも強引であった。藤原系皇族が皇統を嗣ぐということは、いまだ支配者層の間で定まっていた路線ではなく、生後一ヵ月の赤子を立太子させるということは、藤原氏の専権に反感を持つ勢力の反発を生むこととなった。十一月十四日、大納言多治比池守《たじひのいけもり》が百官を率いて皇太子拝謁《はいえつ》のため、旧不比等邸を訪れたが、池守が率いたということは、長屋王はこの慶事を欠席していたことになり、彼の心中が察せられる。天皇にも現実の「徳」を要求する長屋王の立場からは、統治能力のまったくない赤子の皇太子などは、考えられなかったことであろう。

翌神亀五年には、長屋王は五月十五日に大般若経《だいはんにゃきょう》（「神亀経」）を発願し、もはや精神世界の抗争に舞台を求めることになる。一方、藤原氏はこの頃、長屋王派と見られた大伴《おおともの》旅人《たびと》を筑紫《つくし》に赴任させ、五月二十一日に反長屋王派を糾合した叙位を行ない、八月一日には、中衛府《ちゅうえふ》を設置して、房前をその大将に据えている。

さて、藤原氏の期待を一身に集めた基皇太子は、何月からか病悩した。八月からは快復を祈る種々の措置が執られているが、その甲斐もなく、はじめての誕生日を目前にした九月十三日、ついに夭死《ようし》してしまった。

この間、何月かは不明であるが、安積親王が誕生している（『続日本紀』に誕生の記事が見えないのは、偶然であろうか）。基皇太子の薨去と安積親王の誕生とが、ほぼ同時期に起こっているということは、藤原氏の危機感を否《いや》が応にも高めたに違いない。次に安宿媛に皇子が生まれる保証はなく、聖武や三千代がそれを待ってくれるとは限らない。何よりも、長屋王とその一族の皇位継承有資格者としての存在価値が、ふたたび上昇してきたと、支配者層に認識されたはずだからである。

## 「長屋王の変」

そのような折も折、「神亀経」書写が、九月二十三日に完成した。新川《しんかわ》登亀男《ときお》氏は、この経の跋文《ばつぶん》にある道教《どうきょう》的な世界観こそが、長屋王が訴えられた「左道《さどう》」であると考えられた（新川登亀男「奈良時代の道教と仏教—長屋王の世界

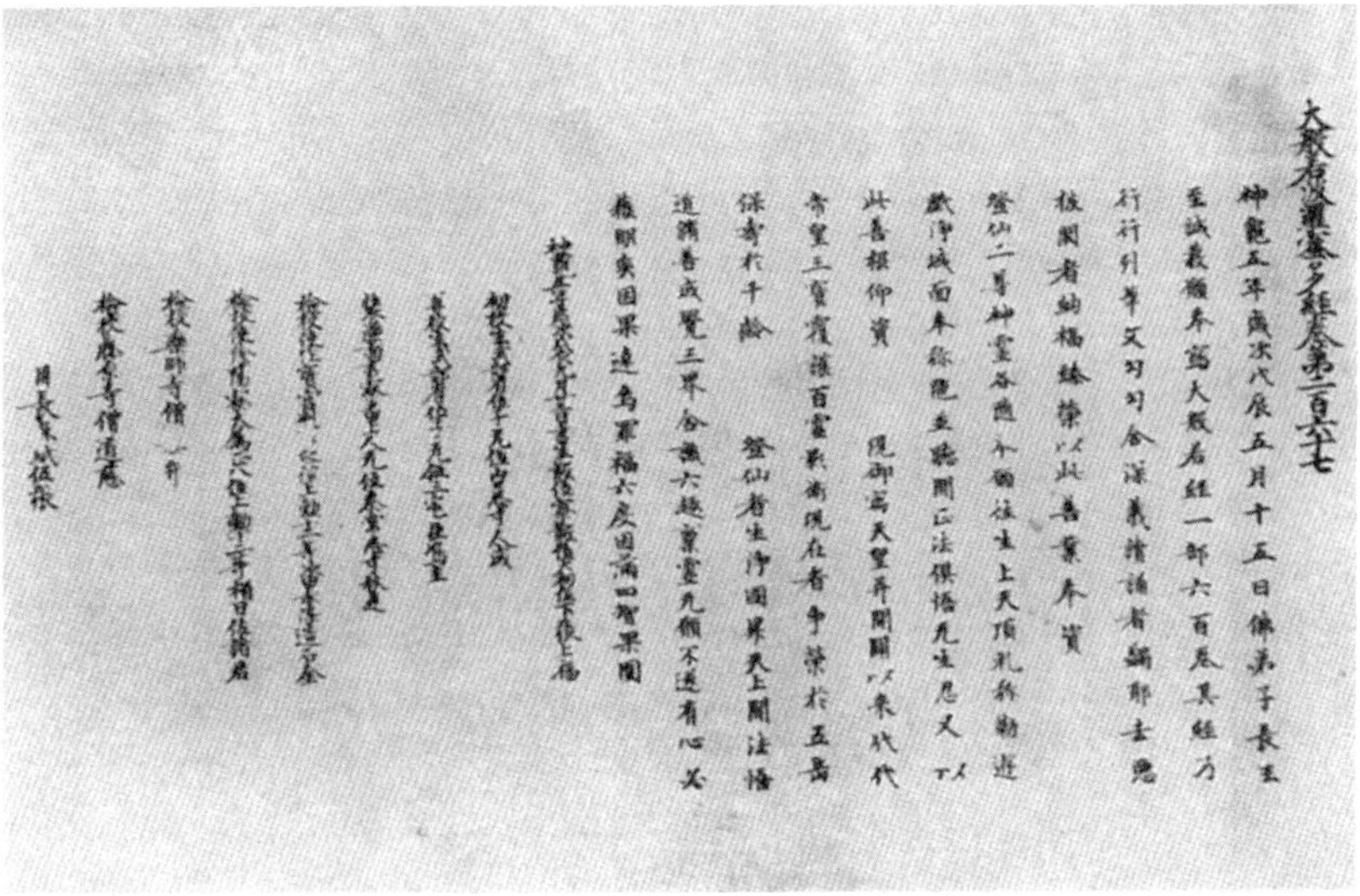

図3　神亀五年大般若経奥書（根津美術館蔵）

観――」、『論集日本仏教史　第二巻　奈良時代』所収、雄山閣出版、一九八六年）。それによると、地上に祥瑞《しょうずい》を顕現させ、咎徴を示す天上の支配者である「登仙《とうせん》二尊神霊」とは、長屋王の両親である高市皇子と御名部皇女であり、長屋王はその後継者である。一方、開闢《かいびゃく》以来聖武に至る歴代天皇は霊的世界から排除されており、「神霊」に護り導かれる存在であるという。そうすると、地上に災異をもたらし、聖武の不徳を責めたのも、長屋王に連なる「神霊」であったことになる。このような世界観を持った「神亀経」跋文が、どれほど事前に宮廷社会に広まっていたかは、この際問題ではない。その内容の一部が噂となって流れ、誰かがそれを密告すれば、事足りるからである。

また、先にも述べたようなさまざまな「不敬」な行為、長屋王邸における称号や災異説への対応のどれ一つをとっても、密告の対象になり得る性格のものであった。結局、長屋王の「左道」を問題にしたい者がいて、それを密告しようと考える者が出てくれば、どの事柄が密告の対象になったかにかかわらず、「長屋王の変」は起こり得たのである。

その際、基皇太子の薨去と安積親王の誕生とが重なったというのは、まったくちょうど良いタイミングであったと言うべきであろう。

神亀六年（天平元年）二月十日、漆部君足《ぬりべのきみたり》・中臣宮処東人《なかとみのみやこのあずまひと》・漆部駒長《こまのおさ》の三人が、長

屋王の「謀反《むへん》」を密告した。天平元年二月辛未条には、次のように見える。

左京の人従七位下漆部造君足、無位中臣宮処連東人ら密《ひそかごと》を告げて称《もう》さく、「左大臣正二位長屋王、私《ひそ》かに左道《さどう》を学びて国家《こっか》を傾けむと欲《す》」とまうす。その夜、使を遣して固く三関《さんげん》を守らしむ。因て式部卿《しきぶのかみ》従三位藤原朝臣宇合《うまかい》、衛門佐《えもんのすけ》従五位下佐味《さみ》朝臣虫麻呂《むしまろ》、左衛士佐《さえじのすけ》外従五位下津嶋《つしま》朝臣家道《いえみち》、右衛士佐外従五位下紀《き》朝臣佐比物《さひもち》らを遣して、六衛の兵を将《い》て、長屋王の宅《いえ》を囲ましむ。

大山誠一《おおやませいいち》氏が指摘されたように、密告があった場合、まず問われるべきは誣告《ぶこく》か否かということのはずであるのに、それについて調査した形跡はない（大山誠一『長屋王家木簡と奈良朝政治史』、吉川弘文館、一九九三年）。後に見るように、この密告は誣告であった可能性が強いが、その日のうちに固関《こげん》を行ない、六衛府《ろくえふ》の兵で長屋王邸を包囲しているということは、密告自体があらかじめ藤原氏と示し合わされたものであったことを示唆している。なお、房前が包囲の兵のなかに見えないのは、内裏の警護にあたったためであり、事件の局外にいたと見るべきではなかろう。

翌十一日には、大宰大弐《だざいのだいに》多治比県守《あがたもり》・左大弁石川石足《いしかわのいわたり》・弾正尹大伴道足《みちたり》が、権《かり》に参議に補され、巳《み》時には、舎人親王・新田部親王・大納言多治比池守・中納言藤原武智麻《むちま》呂《ろ》・右中弁小野牛養《おののうしかい》・少納言《しょうなごん》巨勢宿奈麻呂《こせのすくなまろ》らが長屋王邸に遣わされて、その罪を窮問している。

権参議の任命は、長屋王派が多数を占めていた議政官構成の勢力分布を逆転させ、長屋王除滅のための太政官会議を開催するために、藤原派の議政官を送り込んだものとされている（野田嶺志《のだれいし》「律令国家の戒厳令」、上田正昭編『古代の日本と東アジア』所収、小学館、一九九一年）。また、長屋王の窮問にあたった官人の筆頭に、天武皇子の舎人・新田部両親王が列していたことも、見逃すべきではなかろう。王権から聖武の後見を委任された両者であってみれば、ここで藤原氏の意向を拒絶するわけにはいかない。従来「皇親勢力」などと呼ばれてきた同族結合の弱さと脆さを、この事実は如実に物語っている。

十二日、窮問の結果が出た。天平元年二月癸酉《十二》条には、

> 王をして自ら尽《し》なしむ。その室《しつ》二品吉備内親王、男《おのこご》従四位下膳夫王、無位桑田《くわた》王・葛木王・鉤取王ら同じく亦自ら経《くび》る。乃ち悉《ことごと》く家内《やぬち》の人等《ひとども》を捉《とら》へて左右の衛士《えじ》・兵《ひょう》衛《え》等の府《ふ》に禁《いまし》め着《つ》く。

とある。長屋王は自尽《じじん》、吉備内親王と膳夫王・桑田王・葛木王・鉤取王は自経《じけい》であった。

養老獄令《ごく》・決大辟《けつだいびゃく》条（大宝獄令もほぼ同文か）では、皇親で悪逆《あくぎやく》（八虐《はちぎゃく》の第四）以上を犯

した者は家で自尽することは禁じられているはずである。ここでの長屋王の自尽が、特に優遇されたものか、あるいは大山氏の言うように殺戮《さつりく》されたものか、『日本霊異記』中巻第一縁にあるように、みずから服毒自殺したものなのかは、知る由もない。

　膳夫王・葛木王・鉤取王の三人は吉備内親王の所生、桑田王は石川夫人の所生であるが、罪の及んだ範囲がこれらに限られ、不比等女の長娥子《ながこ》所生の安宿《あすかべ》王・黄文《きふみ》王・山背《やましろ》王・教勝《きょうしょう》（これらはもともと長屋王と同居していなかった）、「長屋王家木簡」によって知られる多くの女王、石川夫人などが不問に付されていることからも、この事件の標的がどこにあったか、またこの事件を策謀した者が誰であったかが窺える。藤原氏は、長屋王が擁していた、蘇我《そが》系皇族腹、蘇我氏腹、藤原氏腹という三通りの皇親のうち、前二者を根こそぎ除滅したのである（安宿王や黄文王などに皇位継承の期待が集まった場合には、この時代には藤原氏にとって悪くない選択肢であった）。なお、後に藤原弟貞《おとさだ》となった山背王の薨伝（天平宝字七年十月丙戌《十七》条）は、次のように語る。

　安宿王・黄文王・山背王、并《あわ》せて女《めのこ》教勝も復《また》、坐《つみ》に従ふべけれども、藤原太政大臣の女《むすめ》が生めるを以て、特《こと》に不死《ふし》を賜ふ。

十三日、長屋王夫妻の葬儀が行なわれた。天平元年二月甲戌《十三》条に、使《つかい》を遣して長屋王・吉備内親王の屍《かばね》を生馬山《いこまやま》に葬《はぶ》らしむ。仍て勅《みことのり》して曰《のたま》はく、「吉備内親王は罪無し。例《ためし》に准《なずら》へて送り葬るべし。唯、鼓吹《こすい》は停《とど》めよ。その家令《けりょう》・帳内《ちょうない》らは並に放免《ゆるし》に従へよ。長屋王は犯《おかし》に依りて誅《つみ》に伏《したが》ふ。罪人《つみびと》に准《なずら》ふと雖《いえど》も、その葬《はぶり》を醜《いや》しくすること莫《なか》れ」とのたまふ。長屋王は天武天皇の孫、高市親王の子、吉備内親王は日並知皇子尊《ひなみしのみこのみこと》の皇女《ひめみこ》なり。

とあるように、長屋王の葬儀を醜しくすることを禁じ、吉備内親王（そしてもちろん膳夫王たち）の無実を早くも明言しているということは、「長屋王の変」が謀略であったことを聖武が認めたことになる。この間の藤原氏と聖武の連絡は、どの程度のものだったのであろうか。なお、このとき赦された家令のなかに、後に登場する大伴子虫《こむし》がいた。

十五日、事件の再発を防ぐため、国司に対して人民が衆合することを禁じた。全国に禁令を出さなければならないような政治情勢が存在したのであろうか。

十七日、長屋王の与同者のうち、七人を流罪に処し、他の九〇人は原免するという措置が執られた。

十八日、長屋王に縁坐《えんざ》すべき親族をすべて赦除するとの勅が、鈴鹿王宅において宣せられた。ここに事件の範囲が確定したのであるが、逆に言うと事件の標的が明らかとなり、この事件を主導した者の意図が明らかになったことになる。また、長屋王と鈴鹿王とが、同腹の兄弟でありながら、もともと一枚岩ではなかったことを窺うことができ、ここにも皇親の同族結合の脆弱さが表われている。

二十一日、曲赦《きよくしや》が行なわれた後、密告者に対する恩賞が発表された。漆部君足と中臣宮処東人は一挙に外従五位下を授けられた。この種の密告者に対する律令国家の認識を広く示したことになる。

二十六日、長屋王の弟・姉妹、子女のうちで現存する者への給禄が決定した。

事件に関する『続日本紀』の記事はこれで終わるが、四月三日勅（天平元年四月癸亥《三》条）で禁止されている異端《いたん》の学習、幻術《げんじゆつ》の蓄積、厭魅呪咀《えんみじゆそ》、書符《しよふ》の封印、毒薬の製造、妖訛《ようか》の書の所持などが、「左道」に関わるものであることは、言うまでもない。

**事件のあと**

八月五日、天平改元が宣せられ、十日には、安宿媛を皇后とするとの詔が発せられた。長屋王家殲滅《せんめつ》の主な目的が光明立后に帰せられるべきではないことは、先に述べたとおりであるが、少なくとも長屋王が政権首班として命脈を保っていれば、光明立后は強行できなかったであろう。藤原氏はここに、長屋王の変という荒療治の後、准皇親氏族化という命題に向けて一歩前進したことになる。二十四日に立后宣命を読み上げた舎人親王の胸中は、いかばかりであったことか。なお、長屋王邸の跡には、なんと光明子の皇后宮職がしばらく置かれている。

さて、事件から一〇年近く経ったある日、長屋王の記憶も薄れかけていた人々の脳裏に、あの日のことを鮮烈に蘇らせる事件が起こった。天平十年七月丙子条には、

左《さ》兵庫少属《ひょうごのしょうぞく》従八位下大伴宿禰子虫、刀《たち》を以て右兵庫頭《かみ》外従五位下中臣宮処連東人を斫《き》り殺しつ。初め子虫は長屋王に事《つか》へて、頗る恩遇《おんぐう》を蒙《かごう》れり。是に至りて適《たまたま》東人と比寮《ひりょう》に任《にん》す。政事《まつりごと》の隙《ひま》に相共に碁を囲む。語《こと》長屋王に及べば、憤発《いきどお》りて罵《ののし》り、遂に剣《つるぎ》を引き、斫りて殺しつ。東人は長屋王の事を誣告《むごう》せし人なり。

とある。もちろん、前年九月以来、政権首班の座に就いた橘諸兄《もろえ》の政治姿勢も考慮しなければならないが、「誣告」という語をそのまま記事とした『続日本紀』編者の意図は汲み取るべきであろう。

さて、「長屋王の変」は、大津皇子の「謀反」以来、約半世紀ぶり、律令国家成立以後では最初の「謀反」事件であった。この事件の過程で執られたさまざまな「超法規的措置」（密告内容を調査しない、自邸で自殺させる、謀反人の親族は連座しない、密告者は優遇する、など）は、さまざまなモデルケースとなって、これ以降の奈良朝政治史に暗い影を落

としていくことになるのである。

# 塩焼王配流事件

### 藤原四子体制の崩壊と橘諸兄政権の成立

長屋《ながや》王の変の後、権力を握った藤原《ふじわら》四子であったが、八年後の天平九年(七三七)、天然痘《てんねんとう》によって相次いで薨去し、ここに藤原氏の政権は脆くも崩壊した。

すでに二年前の天然痘の流行で、舎人《とねり》・新田部《にいたべ》親王は薨去しており、ここに政府首脳部は、県犬養橘三千代《あがたのいぬかいのたちばなのみちよ》と美努《みの》王(敏達《びたつ》天皇三ないし四世王)との間の子である橘諸兄《もろえ》(元の葛城《かつらぎ》王)が参議から大納言に、長屋王の弟である鈴鹿《すずか》王が参議から知太政官事に、多治比広成《たじひのひろなり》が参議から中納言に、それぞれ昇任し、何とか形を整えた。藤原氏では、武智麻呂《むちまろ》長子の豊成《とよなり》が従四位下ながら急遽《きゅうきょ》参議の列に加えられたのみであった。

橘諸兄は、すでに葛城王の時に参議に列していたが、天平八年十一月、弟の佐為《さい》王とともに上表して母方の姓を賜わり、臣籍に降下していたのであった。諸王のままでいては、もうこれ以上の栄達は望めないといった計算によるものであろう。光明《こうみよう》皇后の異父兄という理由で、偶然政権首班に立ってしまったのであったが、その権力基盤は、三千代もすでに亡いこの時期、当然ながら脆弱なものであった。

## 橘諸兄政権下の皇親

後宮では天平九年初頭、橘諸兄の弟佐為の女《むすめ》である古那可智《こなかち》、武智麻呂女、房前《ふささき》女の三人が入内したが、いずれも子を成すことはなかった。

諸兄政権の成立とちょうど軌を一にして、安積《あさか》親王が成長してきていたが、天平五年正月に三千代は薨去しており、その後見も弱体化していた。

一方、光明皇后は、この頃には高齢によって出産の「可能性」はすでになくなっており（聖武《しょうむ》の方にもなくなっていたのであったが）、両者の間に残された唯一の子である阿倍《あべ》内親王が、天平十年一月、立太子した。しかしながら、成人の近付いた安積親王が存在しているなかでのこの皇女の立太子は、いかにも強引であり、それを認めようとしない勢力も、隠然として存在していた。

ここで、この節で問題とする事件が起こった天平十四年（七四二）時点における天武《てんむ》系

系図4（天平十四年時点）

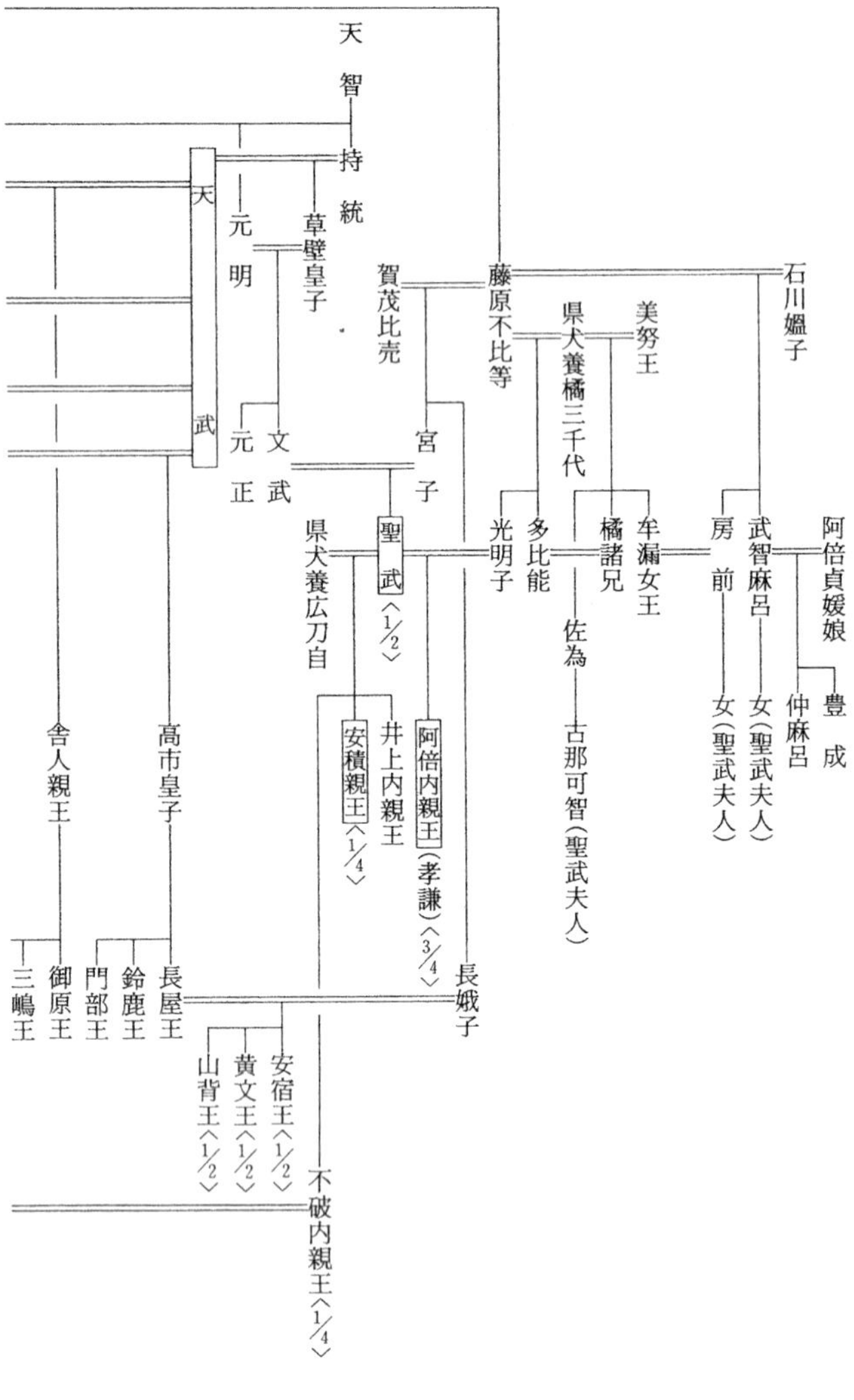

阿倍貞媛娘
豊成
仲麻呂
石川媼子
武智麻呂
女（聖武夫人）
房前
女（聖武夫人）
美努王
牟漏女王
橘諸兄
県犬養橘三千代
多比能
佐為
古那可智（聖武夫人）
藤原不比等
光明子
賀茂比売
宮子
長娥子
天智
持統
草壁皇子
元明
文武
元正
聖武〈1/2〉
県犬養広刀自
阿倍内親王（孝謙）〈3/4〉
井上内親王
安積親王〈1/4〉
不破内親王〈1/4〉
天武
高市皇子
舎人親王
長屋王
鈴鹿王
門部王
御原王
三嶋王
安宿王〈1/2〉
黄文王〈1/2〉
山背王〈1/2〉

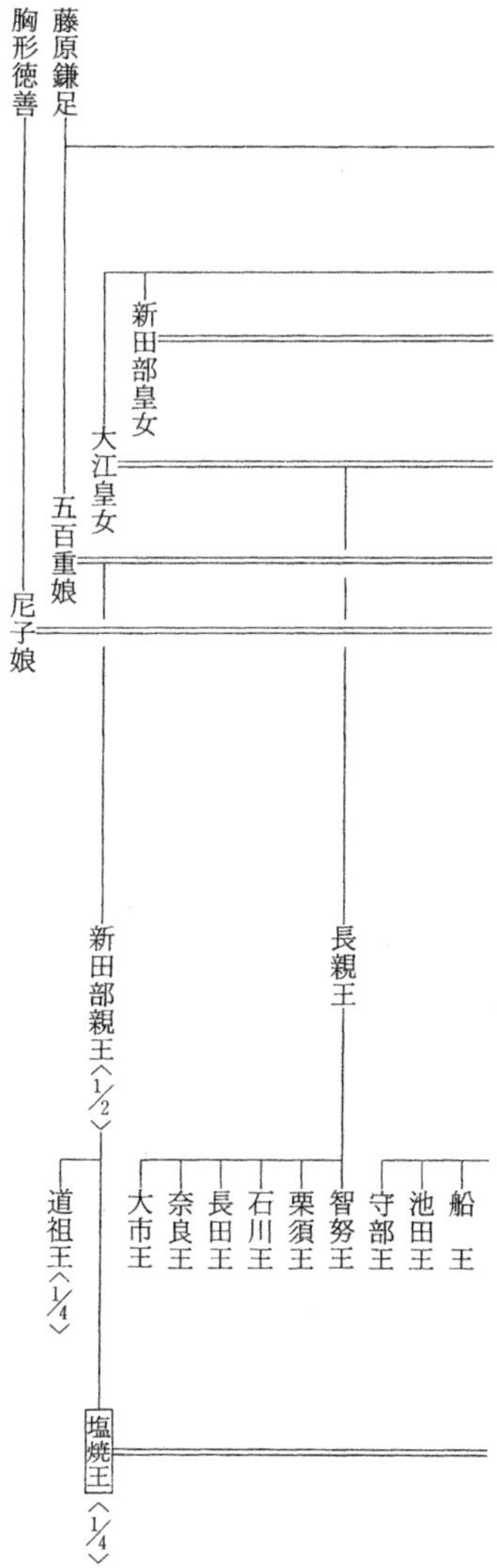


〈　〉内は、大宝以降の藤原氏濃度

皇親を概観してみよう（系図4参照）。すでに生存している天武皇子はいない。

高市《たけち》皇子系　子の鈴鹿王が正三位知太政官事兼式部卿、門部《かどべ》王が従四位下（散位か）、孫（藤原長娥子《ながこ》腹の長屋王の子）の安宿《あすかべ》王が従四位上玄蕃頭《げんばのかみ》、黄文《きふみ》王が従四位上散位頭《さんいのかみ》、山背《やましろ》王が従四位下（散位か）

草壁《くさかべ》皇子系　孫の首《おびと》皇子が天皇（四二歳）、曾孫の安積親王が一五歳、阿倍内親王が二五歳（皇太子）、

井上《いのうえ》内親王が二六歳（伊勢斎王）、不破《ふわ》内親王（塩焼《しおやき》王の妻）

刑部《おさかべ》親王系　子は全員薨去、孫は出身以前か

磯城《しき》皇子系　子の御原《みはら》王が従四位上治部卿、船《ふね》王・守部《もりべ》王が従四位上（散位か）、

舎人親王系　三嶋《みしま》王・池田《いけだ》王が従四位下（散位か）

子の智努《ちぬ》王が正四位下木工頭《もくのかみ》、栗須《くりす》王・石川《いしかわ》王が従四位上（散位か）、

長《なが》親王系

長田《ながた》王が従四位上刑部卿《ぎょうぶのかみ》、奈良《なら》王・大市《おおち》王が従四位下（散位か）

穂積《ほづみ》親王系　子は全員薨去、孫は出身以前か

新田部親王系　子の塩焼王が正四位下（散位か）、道祖《ふなど》王が従四位上（散位か）

という顔ぶれ。二世王の成長が顕著に見られ（特に高市系・舎人系・長系・新田部系）、皇位継承の資格が出てきている点がこれまでとは異なる歴史的条件となってきている。なお、天平十二年の広嗣の乱による聖武の「伊勢行幸」には、これらのうち高市系の安宿王・黄文王・山背王、舎人系の守部王、長系の智努王・石川王・長田王・大原高安《おおはらのたかやす》（元高安王）、新田部系の塩焼王・道祖王が、陪従させられている（天平十二年十一月甲辰《廿一》条。他に系譜不詳の矢釣《やつり》王・大井《おおい》王・茨田《まんた》王も）。五年後の聖武不予に際しての措置と同様、二世王を担

いだ不測の事態が勃発するのを恐れて、彼らを聖武の手許に集めて連行したものであろう。

## 塩焼王配流事件

これらの二世王のなかで、藤原鎌足《かまたり》の女を母としていた新田部親王の長子である塩焼王は、特殊な条件を備えていた。聖武天皇と県犬養広《ひろ》刀自《とじ》との間に生まれた不破内親王をその妻としていたのである。二人の間に生まれる子は、藤原系聖武二世王という、皇位継承に際してきわめて有利な条件を有することになる。長屋王、白壁《しらかべ》王など、内親王の夫となり、その子を儲けていた諸王は、特別な地位にあったものと思われる。位階をほとんど昇叙されることなく、任官されることも稀な一般の諸王とは異なり、高位に至り、中央の職事官《しきじかん》を歴任したのである。

塚野重雄《つかのしげお》氏によれば、塩焼王は天平十一年に不破内親王と結婚し、天平十二年から急に昇進が始まったという（塚野重雄「不破内親王の直叙と天平十四年塩焼王配流事件」、『古代文化』第三五巻第三・八号掲載、一九八三年）。有力な皇位継承者を邸内に擁し、自身も高位高官に至るという立場は、長屋王の再来となる恐れがあるが、この夫妻は、将来、それを現実のものとしてしまったのである。

まず第一の事件は、天平十四年に起こった。天平十四年十月癸未《十二》条には、

従四位下塩焼王、并せて女孺《にょじゅ》四人を禁《いまし》めて、平城獄《ならのひとや》に下す。

という記事が唐突に現われ、五日後の天平十四年十月戊子《十七》条には、

塩焼王を伊豆《いず》国三嶋《みしま》に配流《はいる》す。子部《こべ》宿禰小宅女《おやけめ》を上総《かみつふさ》国。下村《しも》主白女《しろめ》を常陸国。川《かわ》辺《べ》朝臣東女《あずまめ》を佐渡《さど》国。名草《なくさ》直高根女《たかねめ》を隠伎《おき》国。春日《かすが》朝臣家継女《やかつぐめ》を土佐《とさ》国。

という決定が見える。後に道祖《ふなど》王が廃太子された後の皇嗣決定会議において、塩焼王が、

塩焼王は太上天皇責めたまふに無礼《むらい》を以てせり。

とされているのも（天平宝字元年四月辛巳《四》条）、この事件を指しているのであろう。また、妻の不破内親王が、神護景雲三年五月壬辰《廿五》条に、

詔して曰はく、「不破内親王は、先の朝《みかど》勅有りて親王の名を削れり。……」とのたまふ。

と見えるような処置を受けたのも、この事件のことであろうと思われる（林陸朗《はやしろくろう》「奈良朝後期宮廷の暗雲―県犬養家の姉妹を中心として―」、『上代政治社会の研究』所収、吉川弘文館。初出は一九六一年）。

この事件の性格をめぐっては、林陸朗氏によって、巫蠱《ふこ》・調伏《ちょうぶく》の事件のにおいが濃いとする考え、および紫香楽《しがらき》宮における大仏造顕に関して、塩焼王が天皇のやり方を誹謗《ひぼう》したとする考えが提出されているが（林陸朗「奈良朝後期宮廷の暗雲」、前掲）、そのほかにも、

大量の釆女《うねめ》徴発が順調に進まず、不可能な実態を聖武天皇に強く訴えたか、あるいは徴発度が遅いと天皇の怒りをかったとする考え（中川收《なかがわおさむ》「塩焼王をめぐる諸問題」、『北海道私学教育研究協会研究紀要』第九号掲載、一九六六年）、塩焼王が後宮の釆女・女孺らを奸《おか》したものとする考え（井上光貞《いのうえみつさだ》・関晃《せきあきら》・土田直鎮《つちだなおしげ》・青木和夫《あおきかずお》校注『日本思想大系　律令』名例《めいれい》律補注11e、岩波書店、一九七六年）などが存在する。

これらのうちでは、巫蠱・調伏に関連させる考えが妥当なところであろうか。塚野氏は、この事件を賊盗《ぞくとう》律・造畜蠱毒《ぞうちくこどく》条が適用されたものと考えられた（塚野重雄「不破内親王の直叙と天平十四年塩焼王配流事件」、前掲）。以下、塚野氏の論を要約したい。

律の原則では、婦人は流《る》刑にあたる罪を犯しても留住《りゅうじゅう》法の適用を受け、杖《じょう》刑と徒《ず》刑の併科を以て流刑の代替とされたが、造畜蠱毒については婦人単独でも流刑を執行された（名例律・雑戸《ざっこ》条）。造畜蠱毒とは、本来は毒虫などを用いて製造する毒を製造または所持することであるが、日本では厭魅呪詛《えんみじゅそ》との区別ができず、これを適用したという（『律令』、前掲、名例律補注6h）。賊盗律・造畜蠱毒条によると、「造畜者」と「教令者」は絞、「造畜者同居家口」（同籍とは限らない）は遠流《おんる》と規定されていた。塚野氏は、この事件において、塩焼王と女孺五人が遠処に単独配流されているのは、造畜蠱毒罪を適用された「同居家口」であったからであると推測された。そのうえで、隠れた主犯（造畜者）として、塩焼王の妃である不破内親王を想定されたのである。

聖武皇子でありながら立太子できなかった安積親王に対し、不破内親王が姉として同情し、阿倍内親王の立太子に不満を持つ広範な官人層の存在を背景に、阿倍内親王を厭魅呪詛したという推定は、後年の不破内親王の行動を勘案すれば、あり得ることである（前掲の詔に続けて「積悪止《や》まず、重ねて不敬を為す」とある）。また、塩焼王が妻の陰謀に深く関知することがなかったという推測も、安積親王死後の天平十七年四月に入京を許され、天平十八年閏九月に本位に復されていること、天平宝字元年四月の皇嗣決定会議において、豊成《とよなり》や永手《ながて》といった「常識派」によって皇嗣に擬せられていることなどを勘案すれば、当を得ているものと思われる（伊豆国のなかでも国府のあった三嶋に配流となったのも、一種の恩情だったのかもしれない）。後年、不破内親王が天平宝字七年に至るまで直叙を受けなかったというのも、光明皇后と阿倍内親王の怒りによるものとされる。

この後、阿倍皇太子、安積親王、政治的に成長してきた諸系統の二世王という三者をめぐって、さまざまな暗闘が繰り広げられることになるのであるが、この夫妻は常にその渦中に身を置き、奈良朝政変劇の影の主役となるのである。

# 安積親王暗殺事件

## 阿倍皇太子と安積親王

天平十五年（七四三）五月五日、皇太子阿倍《あべ》内親王が五節田儛《ごせちのたまい》を舞った。そして、まず元正《げんしょう》太上天皇から、阿倍皇太子に国宝としての舞を奉らせたので、天下の国法は絶えることはないという詔があり、次いで聖武《しょうむ》天皇から、君臣親子の理を忘れず、今後も代々の天皇に供奉すべしとの詔があった。半年前の塩焼《しおやき》王配流事件をはじめ、阿倍内親王の立太子を受け入れない官人層や皇親が存在したため、王権として諸臣に阿倍皇太子の存在と、それへの忠誠を再確認させたのであろう。

天平十二年の藤原広嗣《ふじわらのひろつぐ》の乱以来、彷徨《ほうこう》を続ける聖武天皇の「行幸」の度に昇進を続け、光明《こうみょう》皇后の庇護《ひご》の下、ようやく頭角を現わしてきた武智麻呂《むちまろ》次男の仲麻呂《なかまろ》と、政府首班

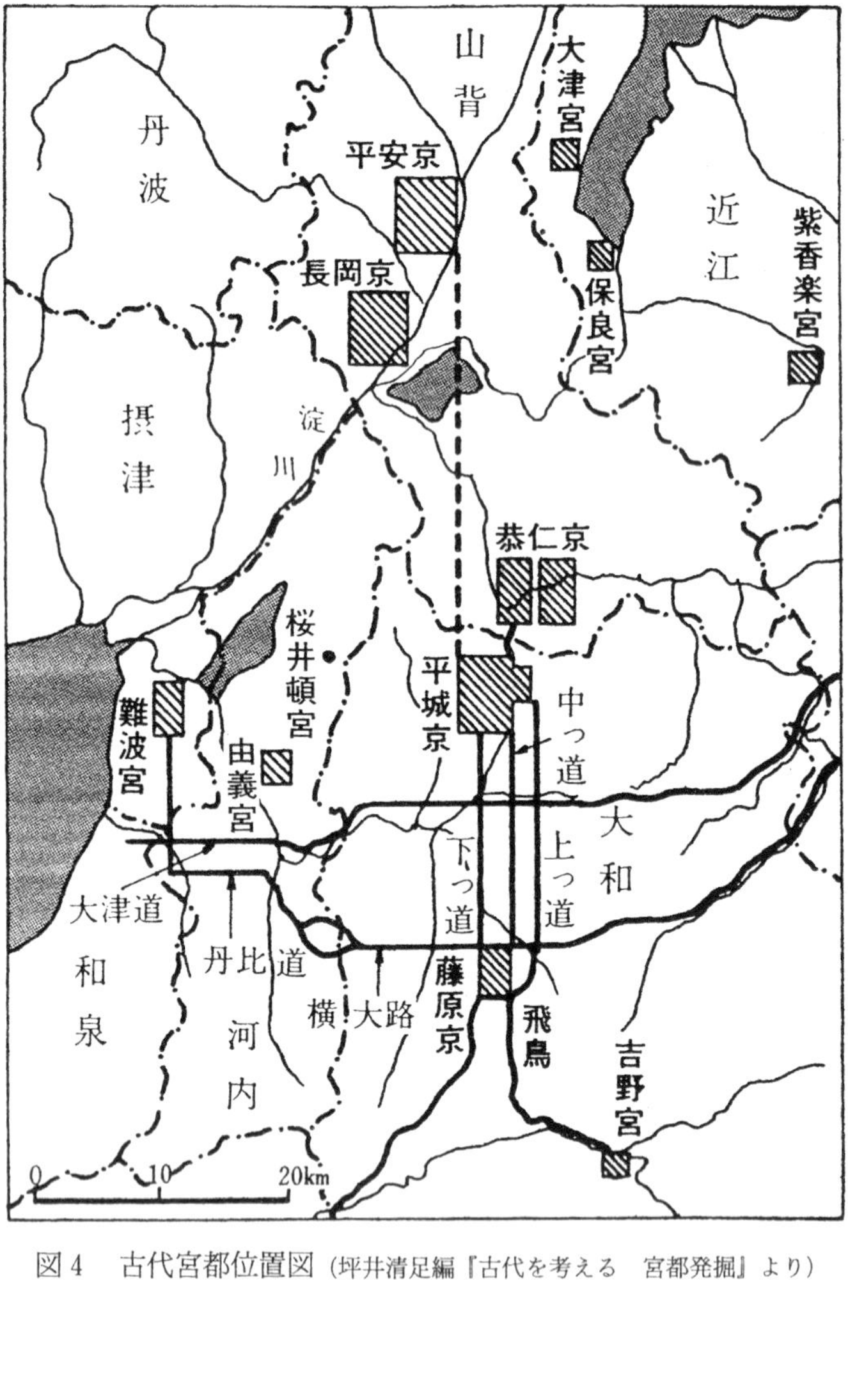


図４　古代宮都位置図（坪井清足編『古代を考える　宮都発掘』より）

の橘《たちばなのもろえ》諸兄との攻防が、いよいよ本格的になってきたのである。そしてその攻防は、仲麻呂の後見する阿倍皇太子と、諸兄の後見する安積《あさか》親王との、いずれを正当な皇位継承者として認めるかという二者択一の選択肢をめぐって繰り広げられた。

この頃、安積親王を中心に仰ぐ藤原八束《やつか》（後の真楯《またて》。房前《ふささき》三男、母は三千代《みちよ》所生の牟漏《むろ》女王で、諸兄の甥《おい》にあたる）・大伴家持《おおとものやかもち》らによるグループが形成され（川崎庸之《かわさきつねゆき》「大伴家持」、『川崎庸之歴史著作選集　第1巻　記紀万葉の世界』所収、東京大学出版会。初出は一九四二年）、それらと諸兄とが連携して、安積親王に皇嗣としての望みを託していたとされる。光明皇后を仰ぎ、仲麻呂を中心とする藤原氏と、このグループとの対立は、抜き差しならない問題として支配者層全体にのしかかってきていたはずである。

## 安積親王の死

天平十五年十二月二十六日、諸兄が主導してきた恭仁《くに》京の造営が停止された。仲麻呂の諸兄に対する挑戦であるとされる。

翌天平十六年（七四四）閏正月十五日、難波《なにわ》宮行幸のための装束次第司が任じられた。動揺した諸兄は、閏正月一日に百官の官人に、四日に市人に、それぞれ恭仁京と難波京のうち、いずれを皇都として希望するかを問うという、古代専制国家にとっての「禁じ手」を使用した。選択肢が恭仁京と難波京に限られ、聖武の好む紫香楽《しがらき》宮や藤原氏に縁の深い平城《へいぜい》京が含まれていない点など、諸兄の焦りが読み取れよう。当然ながら恭仁京に留まることを望む声が多かったのを承けて、九日、恭仁京において寺院や百姓《ひゃくせい》の舎宅を造営させるという方針が示された。この時点では、諸兄の「賭け」が功を奏していたことになる。

しかしながら、十一日には、聖武は難波に行幸してしまう。事件が起こったのは、この時のことであった。天平十六年閏正月乙亥《十一》条は、次のように語る。

天皇、難波宮に行幸《みゆき》したまふ。知太政官事従二位鈴鹿《すずか》王、民部卿従四位上藤原朝臣仲麻呂を留守《るしゅ》とす。是の日、安積親王、脚《あし》の病に縁《よ》りて桜井頓宮《さくらいのかりみや》より還る。

知太政官事の鈴鹿王は当然として、本来は恭仁京造営には反対であったはずの藤原仲麻呂が留守官とされている点が、もともと不審である。橘諸兄は、政府首班として聖武に随行し、難波に向かったのであろうが、そのために掌中の玉である安積親王と切り離されることになるのである。安積親王の「脚の病」がいかなるものかは、不明である。

二日後の十三日、恭仁京において、安積親王は急死してしまう。天平十六年閏正月丁丑《十三》条には、

薨《こう》しぬ。時に年十七。従四位下大市《おおち》王・紀《き》朝臣飯麻呂《いいまろ》らを遣して葬《はぶり》の事を監護《みまも》らしむ。親王は天皇の皇子なり。母は夫人《ぶにん》正三位 県犬養《あがたのいぬかい》宿禰広刀自《ひろとじ》、従五位下 唐《もろこし》が女《むすめ》なり。

と見える。安積親王には誕生の記事もなく、この記事から生年や生母、外祖父の名が明らかになるのみなのである。

二十日近くを経た二月二日、恭仁宮から駅鈴と内外印を取らせ、また諸司および朝集《ちょうしゅう》使《し》を難波宮に集めさせた。三日、新たな留守官が任命されたが、鈴鹿王は再任されたのに、仲麻呂は除かれていた。

**暗殺説について**

この安積親王の急死をめぐっては、まず北山茂夫《きたやましげお》氏が「奇怪千万な事件」として疑問を示され（北山茂夫「天平末年における橘奈良麻呂の変」、『日本古代政治史の研究』所収、岩波書店。初出は一九五二年）、次いで横田健一《よこたけんいち》氏によって暗殺説が提示された（横田健一「安積親王の死とその前後」、『白鳳天平の世界』所収、創元社。初出は一九五九年）。

横田氏によれば、死の一ヵ月前までは、安積親王には病悩の様子は見られないということである。そのうえで、安積親王が引き還してきた桜井頓宮というのは、河内国河内郡桜井郷《かわち》のこととされるが、ここからならば恭仁京へ帰るよりも難波宮の方がはるかに近いのに、なぜわざわざ遠い恭仁京に帰ったのか疑いが持たれると考えられた。

さらに、二月になって急に騒ぎ出したのは、閏正月の末日にいたり、安積親王の死がふつうの病死ではなく、暗殺されたという噂が伝わり、難波の朝廷に広まったからであり、新しい留守五人の中に仲麻呂が除かれているのは、仲麻呂が暗殺したという報が伝わるや、仲麻呂に対して平素反感をもち、安積親王をバック《（マヽ）》していた橘氏や大伴氏、佐伯《さえき》氏、多治比《たじひ》氏ら反藤原氏グループが、いろめきたち、不穏な対立の空気が濃くなってきたので、こうした措置がとられたのであろうとされる。

そして、仲麻呂のようなものにとっては、まわりに誰も警戒するもののない時に、一七歳のかよわい少年をかたづけることは何でもないことだったであろう、親王は脚病というが、あるいは憶測すれば、難波へ行く前から一服もられていたというようなことも全然あり得ないともいえまいと推測されている。

このような「推理」を行なうということは、必ずしも歴史家の任務ではない。その「可能性」が存在し、それが当時の政治情勢に照らし合わせて、いかにもあり得そうなことであることを指摘するにとどめたい。

ただし、考えなければならないのは、安積親王というのは、一部の支持グループを除いた支配者層全体にとっては、近い将来に政変をもたらす可能性を秘めた不穏な因子であったという点である（たとえ政府首班の橘諸兄が支持グループの中心であったとしても）。支配者層というのは、目前の激変をとかく避けたがるものであり、これは、阿倍皇太子を支持しない人々にとっても同様だったはずである。支配者層の大多数が、近い将来の政変が未然に回避できたとして、安積親王の死に対して安堵《あんど》の想いを抱いたであろうことは、想像に難くない。支持基盤の薄い安積親王を担いで事を起こすということは、聖武天皇や光明皇后が健在な時期においては、たとえ政権首班の橘諸兄であっても、ほとんど不可能なことであり、その点では、王権の一部からも支持を受けていた長屋王一族とは決定的に異なるのである。

## 分裂の危機

すでに二月二日には駅鈴と内外印、諸司および朝集使が、二月二十一日には高御座《たかみくら》と兵庫の器仗《きじょう》が、それぞれ難波宮に集められたが、二月二十五日、聖武は紫香楽宮に向けて出発してしまった。難波宮に残った元正太上天皇と橘諸兄は、二月二十七日、難波宮を皇都と定めるという「勅」を発した。この「勅」は、元正太上天皇のものと考えられる（早川庄八《はやかわしょうはち》「上卿制の成立と議政官組織」、『日本古代官僚制の研究』所収、岩波書店、一九八六年）。

元正太上天皇、左大臣橘諸兄は難波に、聖武天皇、光明皇后、藤原仲麻呂は紫香楽宮に、それぞれ分かれ、官人たちも難波・紫香楽・恭仁・平城に分散したものと思われるが、ここに王権の分裂は決定的となったのである。

ようやく十一月十四日に至って、元正は紫香楽に向けて発し、十七日に到着した。以後、聖武と行動を共にすることとなり、分裂はひとまず収束に向かった。

翌天平十七年四月には、紫香楽宮に山火事が頻発しているが、これは諸兄の息のかかった者の手によるものであるとされる。しかし、仲麻呂は逆にこれを利用して、五月十一日、平城還都に成功した。これによって、橘諸兄の地位は危機に瀕し、政治情勢は新たな段階へと向かうことになる。

なお、安積親王の死について付言しておく。その死の最大の影響は、藤原氏、反藤原氏の両勢力とも、今後は親王という「玉《ぎょく》」を持たない状況で政治闘争を続けざるを得なくなったことに求められよう。反藤原（阿倍）勢力は、これからはクーデターで担ぐべき皇嗣としては、二世王に目を付けるしかなくなったのである。いよいよ「皇親の悲劇」の本格的な始まりを迎えたと言えよう。

# 奈良朝後期の政変と皇親

# 橘奈良麻呂の陰謀と橘諸兄事件

## 聖武天皇の危篤と二世王

天平十七年（七四五）九月、難波宮《なにわ》に行幸していた聖武《しょうむ》天皇は危篤に陥り、次のような措置が執られた（天平十七年九月癸酉条《十九》）。

天皇、不予《みやまい》したまふ。平城《なら》・恭仁《くに》の留守《るしゅ》に勅ありて、宮中《みやのうち》を固く守らしめたまふ。悉く《ことごと》孫王等《そんおうたち》を追《め》して難波宮に詣《いた》らしむ。使を遣して、平城宮の鈴・印を取らしむ。また、京師《けいし》・畿内の諸寺《てらでら》と諸《もろもろ》の名山・浄処とをして薬師悔過《やくしけか》の法を行はしむ。幣《みてぐら》を奉りて賀茂《かも》・松尾《まつのお》等の神社《かんやしろ》を祈《ね》ぎ禱《の》む。諸国をして有《も》てる鷹・鵜を並に放ち去らしむ。三千八百人を度して出家せしむ。

注目すべきは、駅鈴《えきれい》・内印《ないいん》という皇権のシンボルとともに、すべての二世王たちが聖武の許に召集されている点である。

この事実を、孫王全体が皇権を擁護するための藩屏《はんぺい》として期待されたもの（虎尾達哉《とらおたつや》「律令国家と皇親」、『日本史研究』第三〇七号掲載、一九八八年）と考えない方がよかろう。むしろこれは、聖武登遐《とうか》という事態が切迫しているなか、阿倍《あべ》皇太子の存在に反対する勢力が二世王を擁して政変を計画することを未然に防止するために、二世王を全員隔離したものと理解すべきであろう。親王がいなくなってしまった以上、天武《てんむ》系の二世王が「奈良朝の政変劇」の主役として登場してきたことになる。

笹山晴生《ささやまはるお》氏が指摘されたように、天皇の専恣《せんし》に対する貴族層の憤懣《ふんまん》は、天皇の危篤によってにわかに皇嗣問題として切迫し、ことに安積《あさか》親王を失った橘《たちばな》氏と、光明《こうみょう》皇后や阿倍内親王の線に結びつく藤原《ふじわら》氏との対立を激化させた（笹山晴生「奈良朝政治の推移」、前掲）。そしてこの時、乾坤一擲《けんこんいってき》の暴発《ぼうはつ》を計画したのは、こともあろうに左大臣橘諸兄《もろえ》の長子（母は不比等女《ふひとむすめ》の多比能《たびの》）で九月に摂津《せっつ》大夫に任じられたばかり（つまり聖武の至近にいたわけである）の奈良麻呂《ならまろ》であった。また、これから述べる奈良麻呂の陰謀には、諸兄自身も関与していた可能性が強い。本人の意思とは関わりなく、もっとも高い地位にある者が、もっとも危うい存在なのである。

## 天平十七年の陰謀

この時期の奈良麻呂の陰謀については、諸史料には直接見えない。それを語っているのは、天平宝字元年（七五七）の「橘奈良麻呂の変」に際して、陸奥《むつ》守佐伯全成《さえきのまたなり》を勘問《かんもん》した際の自白記録である。それらを時間順に再編成して、以降の叙述を進める。天平宝字元年七月[四]庚戌条には、

また、陸奥国に勅して、守《かみ》佐伯全成を勘問せしむ。款《もう》して云はく、「去《い》ぬる天平十七年、先帝陛下、難波に行幸《みゆき》したまひしとき、寝膳《しんぜん》、宜《よろ》しきに乖《そむ》けり。時に奈良麻呂、全成に謂《かた》りて曰はく、『陛下、枕席《しんせき》安からず、殆《ほとほ》と大漸《だいぜん》に至らむとす。然《しか》も猶《なお》、皇嗣《こうし》立つること無し。恐るらくは変有らむか。願はくは、多治比国人《たじひのくにひと》・多治比犢養《こうしかい》・小《お》野東人《ののあずまひと》を率ゐて、黄文《きふみ》を立てて君とし、以て百姓《ひやくせい》の望《のぞみ》に答へむことを。大伴《おおとも》・佐伯の族《うがら》、この挙《くわたて》に随《したが》はば、前《まえ》に敵《かたき》無からむ。方《まさ》に今、天下《あめのした》憂《うれ》へ苦《たしな》みて、居宅《おるいえ》定まること無く、乗路《のるみち》に哭叫《なきさけ》びて、怨歎《うらみなげ》くこと実に多し。是に縁りて議謀《はか》らば、事、必ず成るべし。相随はむや以否《いなや》』といへり。全成答へて曰はく、『全成が先祖《さきつおや》は、清く明く時を佐《たす》けき。全成、愚なりと雖《いえど》も、何ぞ先迹《せんしゃく》を失はむ。実に事成れりと雖も、相従はむことを欲《おも》はず』といふ。奈良麻呂が云はく、『天下の愁《うれえ》を見て、思ふ所を述ぶるのみ。他人《あたしひと》に遵《い》ふこと莫《なか》れ』といふ。言畢《ことおわ》りて辞《まか》り去りぬ。……」といふ。

と見える。奈良麻呂が、多治比氏の人々や小野東人と謀って黄文王を擁立し、大伴・佐伯氏に蹶起《けっき》を呼びかけようとしたものの、全成の拒絶にあって中止したというのである。ここに見える小野東人は、天平十三年に杖罪に決せられた後、伊豆《いず》国三嶋《みしま》に流された人物で、この頃赦されて入京していた。

ここでは、よく言われているように、奈良麻呂が「然も猶、皇嗣立つること無し。恐るらくは変有らむか」と述べていることが、この時期の陰謀の本質を衝《つ》いているものであろう。未婚の女性である阿倍皇太子の存在は、本来の意味における「皇嗣」ではあり得ず、従前の女帝がそうであったように、反藤原氏勢力にとっては、あくまで「中継ぎ」の存在に過ぎなかったのである。ただ、それまでの女帝と異なるのは、誰に対しての中継ぎかが、聖武や仲麻呂《なかまろ》を含めて、誰にもわからなかったという点である。聖武が崩じた場合には、「皇嗣」の選定をめぐって変事が起こるであろうと予想した奈良麻呂の政治感覚は、その点では間違ってはいない。

その意味では、奈良麻呂によって擁立されようとしていたのが、長屋《ながや》王の遺児である黄文王であった点は、注目に値する。長屋王家こそ天皇家の正統であるという意識が、厳然と残存していたのである（吉備《きび》内親王所生の王が生き残っていたならば、そちらを担いだであろう)。

また、奈良麻呂が大伴・佐伯の両氏を仲間に引き入れようとしていたことは、彼の目指したものが、単なる宮廷の密室劇ではなく、武力クーデターであったことを示している。「奈良朝の政変劇」は、すでにこの段階にまで到達してしまっているのである。この両氏は、これから政変の主役としての役割を担うことになる。同様、反藤原氏勢力としての多治比氏が本格的に登場してきていることも、見失うべきではない。

なお、奈良麻呂がクーデターの目的として「百姓の望に答へ」ようと言っていることには、われわれはほとんど耳を傾ける必要はない。人民の幸福を願って謀反《むへん》を起こす支配者など、歴史上ほとんどあり得ないのである。むしろ、「居宅定まること無く、乗路に哭叫びて、怨歎くこと実に多し」と言っていることの方が重要である。天平十二年以来の聖武の「彷徨《ほうこう》」は、十分にクーデターの旗印となり得たのである。

**阿倍皇太子の即位と天平勝宝元年の陰謀**

この時には聖武は何とか持ち直したらしく、九月末には平城宮《へいぜい》に還御しているが、これ以降、彼の熱意はもっぱら盧舎那《るしやな》大仏の造顕に向けられた。

その一方で、天平二十年四月、藤原氏とは一線を画してきた元正《げんしよう》太上天皇が、六九歳で崩御した。諸兄の権力をわずかながらでも支えてきた元正の死は、諸兄にとっては大きな打撃となったが、それに追い打ちをかけたのが、聖武の動きであった。律令制成立以来、太上天皇がほぼ常時一人ずつ存在したことは先に述べたが、同時に二人存在したこともなかった。聖武にとっては、元正の死は、太上天皇の「空き」ができたことを意味し、これで全力で大仏造顕に専念できると認識したはずである。

翌年四月、大仏の前で産金を感謝する法要を営んだ聖武は、閏五月には天皇の座を捨て、「太上天皇沙弥《しやみ》勝満《しようまん》」と自称して、薬師寺《やくしじ》宮に遷御してしまった。そして七月、阿倍皇太子が即位し、ここにいよいよ未婚の女帝・孝謙《こうけん》天皇が誕生した。この間一ヵ月あまりの天皇大権を行使していたのは、光明皇太后であったものと思われるが、後に孝謙自身が、

……朕《わ》が御祖太皇后《みおやおおきさき》の御命《おおみこと》以て朕に告《の》りたまひしに、「岡宮《おかのみや》に御宇《あめのしたしらしめ》しし天皇《すめらみこと》の日継《ひつぎ》は、かくて絶えなむとす。女子《おみなご》の継《つぎ》には在れども嗣《つ》がしめむ」と宣《の》りたまひて、此《こ》の政《まつりごと》行ひ給ひき。

と語っているように（天平宝字六年六月庚戌《三》条）、孝謙の即位自体が、光明皇太后の指示によって行なわれたのである。ともあれ、天平勝宝と改元されたこの天平二十一年（七四九）は、まさに奈良朝後期の政変劇の幕開けの年となったのである。

この時大納言に任じられた藤原仲麻呂は、しかしながらそれだけでは専権を振えるものではなかった。太政官の上席には、左大臣橘諸兄、右大臣藤原豊成《とよなり》、大納言巨勢奈弖麻呂《こせのなでまろ》が存在し、これらを超越して太政官首班の座に着くわけにはいかなかったのである（それに自分が右大臣になったら、諸兄は太政大臣になってしまう）。光明皇太后・孝謙天皇と結んで権力の座を目指した仲麻呂は、八月に紫微令《しびりょう》という地位を、九月に紫微中台《しびちゅうだい》という官司を、それぞれ手に入れた。「枢機《すうき》の政《まつりごと》 独《ひと》り掌握《しょうあく》より出づ」（天平宝字八年九月壬子十八条）と称されたのはこの頃のことであり、孝謙の天皇大権を光明皇太后が代わって執行し（駅鈴と天皇御璽《ぎょじ》が光明皇太后の許にあったことは、後に述べる）、それを仲麻呂が取り仕切るという形で、諸兄の権力はますます圧迫されることとなったのである。

二度目のクーデター計画が、参議に昇進した奈良麻呂の脳裏をかすめたのは、まさにこの時であった。これも全成の勘問記録である天平宝字元年七月庚戌四条には、

「……厥《そ》の後、大嘗《おおなめ》の歳に、奈良麻呂が云はく、『前歳《さきのとし》に語りし事、今時《いま》発《おこ》さむとす。如何《いかに》』といふ。全成答へて曰はく、『朝庭《みかど》、全成に高爵・重禄を賜《たま》ふ。何ぞ敢へて天《あめ》に違《たが》ひて悪逆の事《わざ》を発さむや。是の言、前歳に已《すで》に忌《い》む。何ぞ更《さら》に発さむ』といふ。奈良麻呂が云はく、『汝《いまし》と吾とは同じ心の友なり。此に由りて、談説《かた》りぬ。願はくは、

図5　孝謙天皇像（西大寺蔵）

他《ひと》に蹈ふこと莫れ』といふ。……」といふ。

とある。金を産出貢納した功によって叙位を受けるために上京していた陸奥介全成に対し、奈良麻呂がまたもや暴発を勧めたのである。ただし、「同じ心の友」とはいっても、父左大臣の権力が有名無実化していて焦燥の極みに達している奈良麻呂（元皇親でもある）と、金の貢納によって聖武を驚喜させ、それによって位階を進められようとしている全成とでは、その立場はまったく異なっていた。武力クーデターなどは、「遠天皇《とおすめろき》の御世《みよ》より内の兵《いくさ》として仕《つか》へ奉《まつ》り来」た全成にとっては、まさに「天に違へる悪逆の事」だったのであろう。

## 橘諸兄の致仕

その後も聖武太上天皇の健康状態は優れなかったようであるが、その一方では、天平勝宝二年正月には吉備真備《きびのまきび》が筑前守《ちくぜん》に左降されて諸兄と切り離され、天平勝宝四年四月には大仏開眼供養の帰途、孝謙が仲麻呂の田村第《たむらてい》に還御して在所とするなど、諸兄の権力はまさに風前の灯といった観を呈してくる。

そんな折、天平勝宝四年十一月、諸兄邸では聖武を迎えて肆宴《しえん》が行なわれ、聖武と諸兄はそれぞれの関係を再確認する歌を詠み合った（『万葉集』巻第十九—四二六九・四二七〇）。同じ頃、光明皇太后と孝謙は仲麻呂邸に行幸し、仲麻呂らに歌を賜わっている（『万葉集』巻第十九―四二六八)。宴飲《えんいん》というものが単なる遊興に過ぎないわけではなく、つとめて政治的な営為であることを思うとき、ここに聖武・諸兄を軸とする派閥と、光明皇太后・孝謙・仲麻呂のラインに連なる派閥との対比が鮮明となるわけである。諸兄にとっては、聖武こそが最後に縋《すが》るべき「藁《わら》」となったわけである(聖武も同様だったかもしれない)。

そしていよいよ、聖武にも最期の時が近付いた。天平勝宝七歳(七五五)十月、聖武はまたもや重病に陥ったのである。ちょうどその時、諸兄の政治生命を断つことになる密告がなされた。天平宝字元年六月甲辰《廿八》条には、この時のこととして、

是より先、去《い》ぬる勝宝七歳冬十一月に太上天皇不念《みやまい》したまふ。時に左大臣橘朝臣諸兄の祇承《ししよう》の人佐味宮守《さみのみやもり》告げて云はく、「大臣、酒飲む庭にして言辞《ことばいや》礼無し。稍《やや》く反《そむ》く状《さま》有り云々《しかしか》」といへり。太上天皇、優容《ゆうよう》にして咎《とが》めたまはず。大臣、これを知りて、後《のちのとし》歳に致仕《ちじ》せり。既にして、勅して、越前《えちぜん》守従五位下佐伯宿禰美濃麻呂《みのまろ》を召して問ひたまはく、「この語《こと》を識《し》るや」ととひたまふ。美濃麻呂言《もう》して曰はく、「臣曾て聞かず。但慮《おも》ふに、佐伯全成知るべし」といふ。是に全成を勘《かんが》へ問はむとするに、大后《おおきさき》、懇懃《ねもころ》に固く請ふ。是に由りて事遂に寝《や》みぬ。語《こと》は、田村記《たむらのふみ》に具《つぶさ》なり。

という記事が見える。諸兄が宴席において、反状に及んだ言辞をなしたということを、諸兄の家司《けいし》（もしくは資人《しじん》）が密告してきたというのである。聖武はそれを聞いても咎め立てすることはせず、諸兄はそれを知って、あわてて致仕したという。すぐに勅許が降りたのも、異例といえば異例である。天平勝宝八歳二月丙戌条に、

左大臣正一位橘朝臣諸兄致仕《ちじ》す。勅して、請《こい》に依りて許したまふ。

とあるように、天平勝宝八歳（七五六）二月のことであった。その後、（仲麻呂の意を承けたであろう）孝謙が佐伯美濃麻呂を勘問させたところ、佐伯全成が関与しているとの自白があった。そこで全成を喚問しようとしたところ、光明皇太后の懇請によって沙汰やみになったというのである。

この時諸兄が不穏な言辞を吐いたという宴会が、『万葉集』巻第二十―四四五四題詞の「十一月廿八日、左大臣の、兵部卿《ひょうぶのかみ》橘奈良麻呂朝臣宅に集ひて宴する」に対応することは、すでに指摘されている（木本好信《きもとよしのぶ》「橘諸兄政権の実体―崩壊過程を中心として―」、『大伴旅人・家持とその時代』所収、桜楓社、一九九三年）。諸兄は酒の勢いで仲麻呂に対する日頃の憤懣《ふんまん》をぶちまけ、その矛先が孝謙天皇にまで及んだのであろうか。この「反」を不問に付すように孝謙を教導した瀕死の聖武の姿は、むしろ痛々しい。

諸兄としてみれば、この時の肆宴に参会している者が自己の派閥の者ばかりだというので、気軽に愚痴《ぐち》の一つも言ってみたのであろうが、それを伴として奈良麻呂邸に連れて行った家司に密告されるなど、以前の長屋王の例とは異なり、家中の者にも見放された諸兄の姿を垣間見ることができる。

なお、その間の事情が「田村記」、つまり仲麻呂関係の史料のなかに見えるということは、この事件の主役を物語っている。

## 天平勝宝八歳の陰謀と聖武太上天皇の死

そして諸兄が致仕した二ヵ月後の天平勝宝八歳四月、問題の人物、佐伯全成がまたもや入京した。天平宝字元年七月庚戌[四]条は、この時のこととして三度目の陰謀を語っている。

「……また、去年《こぞのとし》四月、全成、金《くがね》を賷《も》ちて京《みやこ》に入りき。時に、奈良麻呂、全成に語りて曰はく、『大伴古麻呂《こまろ》に相見《あいまみ》えしや以否《いなや》』といふ。全成答へて曰はく、『未だ相見ゆること得ず』といふ。是の時に奈良麻呂が云はく、『願はくは、汝《いまし》とともに古麻呂に相見えむと欲《おも》ふ』といふ。共に弁官の曹司《ぞうし》に至りて、相見えて語《かた》話《た》る。良久《ややひさ》しくして、奈良麻呂が云はく、『聖体、宜しきに乖《そむ》けること、多く歳序《とし》を経たり。消息《あるかたち》を闚《うかが》ひ看るに、一日《ひとひ》に過ぎず。今、天下《あめのした》乱れて、人の心定まること無し。若し他氏《ほかのうじ》の、王《おおきみ》を立つる者有《ひと》らば、吾が族《うがら》徒《いたずら》に滅亡《ほろ》びむ。願はくは、大伴・佐伯の宿禰を率ゐ、黄文を立てて君として、他氏に先にせば、万世の基《もとい》と為《な》らむ』といへり。古麻呂が曰はく、『右大臣・大納言、是の両箇《ふたり》の人は、勢《いきおい》に乗りて権を握れり。汝、君を立つと雖も、人豈《あに》従ふべけむや。願はくは、これを言ふこと勿《なか》れ』といへり。全成が曰はく、『この事無道《あじきな》し。実《まこと》に事成れりと雖も、豈明けき名を得むや』といふ。言ひ畢《おわ》りて帰り去《い》ぬ。奈良麻呂・古麻呂は便ち彼《か》の曹に留れり。後の語《こと》を聞かず」といふ。……

奈良麻呂は三たび全成に接触し、大伴古麻呂（かつて遣唐副使として新羅《しらぎ》の使節と席次を争い、帰途に鑑真《がんじん》を独断で船に乗せた人物）を交えて密会した。奈良麻呂は、聖武の危篤に際して天下の乱れを説き、「他氏」が王を立てたならば橘氏は滅びるであろうこと、大伴・佐伯氏を率いて黄文王を立て、「他氏」に先んじるべきであることを述べた。それに対し古麻呂は、豊成・仲麻呂の二人は権勢を握っており、王を立てても従う人はいないという政治認識を述べ、自重を求めている。全成は、事の無道であることを述べ、その場を辞去した。奈良麻呂と古麻呂は留まって密談を続けていた、という。

かつて「百姓の望」のためのクーデターなどと言っていた奈良麻呂が、ついに本性を現わしたと言うべきか。彼の言う「他氏」とは、具体的には藤原氏、それも仲麻呂を指すものであろうが、ここに政変の本質が鮮やかに示されている。彼らの究極の望みは、他氏に先んじて皇嗣を立て、はるか後世にまで自氏の繁栄の基礎を築くことだったのである。聖武が崩じてしまうと、太上天皇がふたたび空席となり、「中継ぎ」の孝謙がその地位に上ってしまい、仲麻呂が新たな天皇を擁立する動きに出ると察知した奈良麻呂の認識は、それ自体は鋭敏なものであった（「孝謙太上天皇―仲麻呂の擁立した新天皇」という権力中枢の出現は、彼らにとってはどうしても避けなければならない事態だったであろう）。

なお、この場面、古麻呂と全成の反対理由の相違も興味深い。古麻呂が、豊成・仲麻呂の権力は盤石《ばんじやく》であり、成功はおぼつかないという現状認識に基づいて反対しているのに対し（豊成を仲間に引き入れようという高度な政治的判断は、剛直な彼には無縁のことであった）、全成は、クーデターという行為自体が無道なことであり、たとえ成功したとしても「明けき名」を得られようかという、古代「内の兵」としての自己認識によって反対しているのである。

それにしても、なぜ奈良麻呂はこれほどまでに黄文王に執着したのであろうか。やはり常識的に見て、両者の間に何らかの連絡が存在したと見るべきであろう。

今回の計画に、諸兄がどの程度関わっていたかは明らかではないが、『万葉集』に頻繁に見られる諸兄主催の宴飲から考えると、少なくとも反仲麻呂派の人々の精神的柱石として、大きな影響力を（彼らの間では）有していたことは、確かであろう。

さて、聖武太上天皇は、天平勝宝八歳五月二日、ついに寝殿に崩じた。反仲麻呂派は、巨大な後ろ盾（と彼らが思っていたもの）を失い、以後は「光明子―仲麻呂」体制が名実ともに確立するのである。

なお、聖武崩御の八日後、大伴古慈斐《こしび》と淡海三船《おうみのみふね》が朝廷を誹謗《ひぼう》して禁着《きんちゃく》され、三日後に放免されるという事件が起こっている（天平勝宝八歳五月癸亥《十》条、および天平勝宝八歳五月丙寅《十三》条）。『万葉集』巻第二十―四四六七（この事件に際して大伴家持《やかもち》が一族に自重を訴えた「族《やから》に喩《さと》す歌」のうちの短歌）の左注には「淡海真人三船の讒言《ざんげん》に縁《つらな》りて、出雲《いずも》守大伴古慈斐宿禰解任せらる」とある。事件の真相は不明であるにせよ、天智《てんじ》系皇親であった三船が、この事件の中心に位置しているらしいことは、重要である。

そして致仕していた橘諸兄は、翌年正月、むなしく薨去している。それを眼前にした奈良麻呂の憤激は、もはや後戻りできないものとなっていたであろう。

# 道祖王の廃太子

**道祖王の立太子と皇親**

天平勝宝八歳（七五六）五月二日に崩じた聖武《しょうむ》太上天皇は、遺詔《いしょう》して皇太子を定めた。選ばれたのは、新田部《にいたべ》親王の第二子で塩焼《しおやき》王の弟の従四位上中務卿《なかつかさのかみ》道祖《ふなど》王であった。これが仲麻呂《なかまろ》の同意を得たものであったかどうかは疑わしく、むしろ聖武は遺詔という「ぬきさしならぬ形」で自身の意向を貫こうとした可能性が高い（北山茂夫《きたやましげお》「天平末葉における橘奈良麻呂の変」、前掲）。

この時なぜ道祖王が選ばれたかを考えるために、彼の廃太子が行なわれた天平宝字元年（七五七）三月時点における天武《てんむ》系皇親の状況を見てみよう（系図5参照）。

高市《たけち》皇子系　子は全員薨去、

草壁《くさかべ》皇子系　孫（藤原長娥子《ふじわらのながこ》腹の長屋《ながや》王の子）の安宿《あすかべ》王が正四位下讃岐《さぬき》守、黄文《きふみ》王が従四位上（散位か）、山背《やましろ》王が従四位下（散位か）

曾孫の阿倍《あべ》内親王が天皇（三九歳）、井上《いのうえ》内親王が二品（白壁《しらかべ》王の妻、四〇歳）、不破《ふわ》内親王が無品（塩焼王の妻）

刑部《おさかべ》親王系　子は全員薨去、孫は葦原《あしはら》王あり（無頼《ぶらい》の徒）

磯城《しき》皇子系　子は全員薨去、孫は不明

舎人《とねり》親王系　子の船《ふね》王・池田《いけだ》王・守部《もりべ》王が従四位上（散位か）、孫の和気《わけ》王が臣籍降下（岡《おか》真人）

長《なが》親王系　子の智努《ちぬ》王・大市《おおち》王・奈良《なら》王が臣籍降下（文室《ふんや》真人、三嶋《みしま》真人）

穂積《ほづみ》親王系　子は全員薨去、孫は不明

新田部親王系　子の塩焼王が正四位下（散位か）、道祖王が皇太子

実は、天武系諸王の臣籍降下が、天平勝宝年間から本格的に始まっているのである。これは、各系統が三世王の世代を迎えており、従五位下という蔭階《おんかい》からは栄達は望めないという理由のほかに、政局が混迷の度を深めてきており、王権から危険視されて、不慮の事態

系図5（天平宝字元年時点）

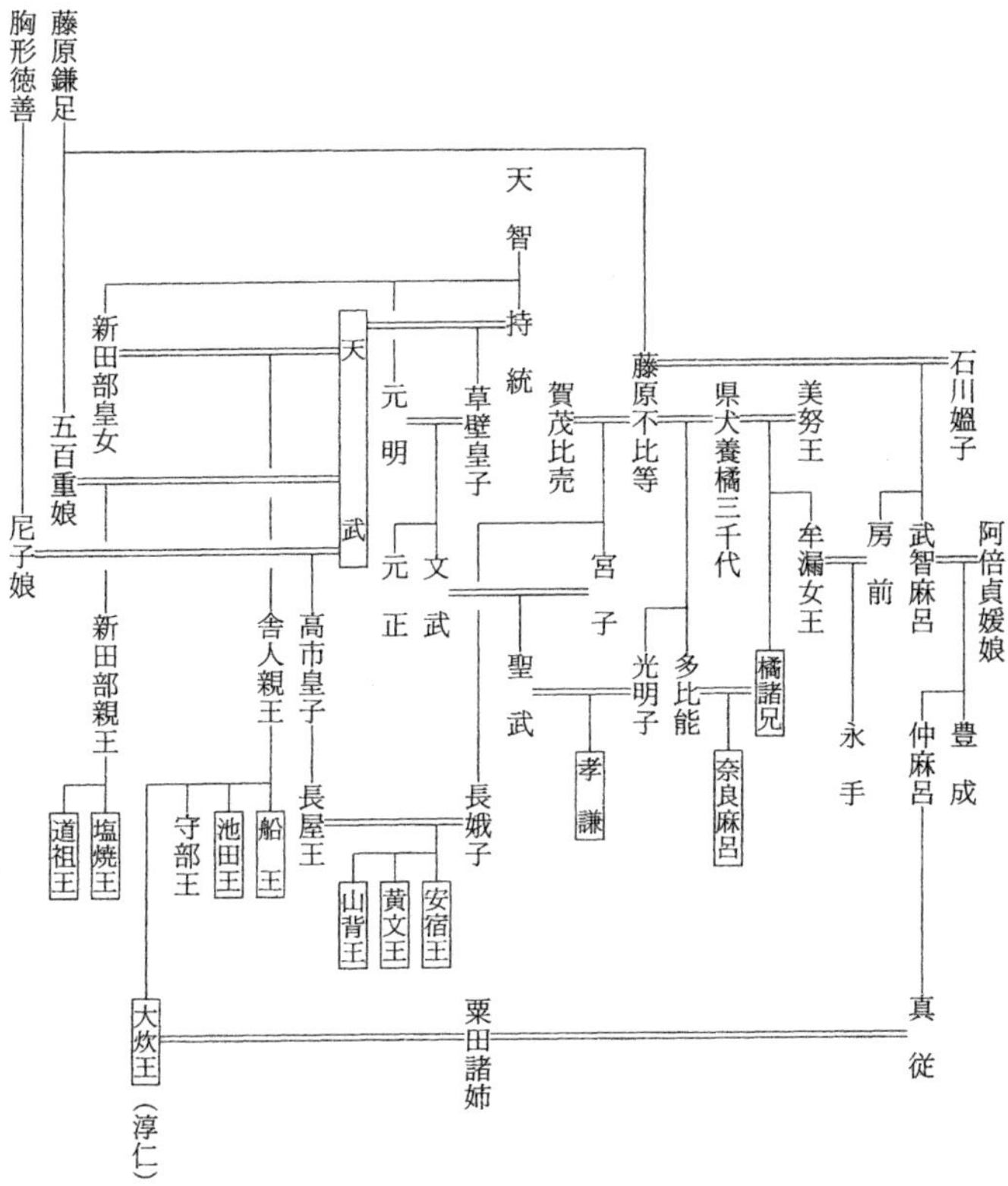

に巻き込まれることを回避しようとしたものである。

また、皇籍にあった諸王も、二世王では、舎人親王系諸王のように散位であったり、刑部親王系の葦原王のように無頼の徒であったり、新田部親王系の塩焼王のように以前に不破内親王の厭魅《えんみ》呪詛《じゅそ》事件に連座した前科があったりで、道祖王くらいしかいなかったのである。三世王にまで範囲を拡大しても、長屋王の子くらいしかおらず、まさかそこまで世代を降ろすわけにもいかなかったであろう。聖武はその最期に際して、きわめて穏当な選択をしたことになる。

なお、磯城皇子系・穂積親王系の諸王が、不明となっている。磯城皇子系は平安時代に至って臣籍に降下していることから考えると、すでに蔭叙《おんじょ》を受けなくなってしまっているのであろうか。穂積親王系は、歴史上からまったく姿を消してしまっている。

以上を総合すると、律令制成立以来いまだ半世紀にして、皇親として存続しているのは、高市系・舎人系・新田部系に過ぎないことになる（草壁系も、男系ではもう終わっている）。皇親がもしも「天皇権力の藩屏《はんぺい》」であったのならば、王権はこのような事態を見逃しておくわけはないであろう。また、律令制成立以降の舎人・新田部両親王の功績により、この二系統が主要な皇統とされたことも、見逃すわけにはいかない。他の系統は、皇親としての栄達は望めず、おのずと臣籍降下して王権からの危険視を回避したのである。

## 道祖王の廃太子

翌天平勝宝九歳は、八月に天平宝字と改元されることとなるが、橘《たちばなの》諸兄《もろえ》の薨去《こうきょ》で明けた。道祖皇太子を後見し、同時に奈良麻呂《ならまろ》の暴発をわずかばかりでも抑制できる可能性は、これで失われてしまった。

専権の確立まであと一歩の仲麻呂にとっては、皇太子道祖王の存在だけが、眼前の障碍と映ったであろうが、かつて岸俊男《きしとしお》氏が指摘されたように、当時の皇太子の地位は、それを定めた天皇の死とともに極めて不安定となるという性格のものであった（岸俊男「元明太上天皇の崩御」、前掲）。騎虎《きこ》の勢いの仲麻呂は、意外に早く手を打った。三月二十日に祥瑞《しょうずい》を「出現」させた後、二十五日には孝謙をして「今の間供奉《つかえまつ》る政《まつりごと》」が存在する旨の宣命詔を出させている（『正倉院文書』正集四十四①、『大日本古文書』四―二二五～二二六）。この「政」が道祖王の廃太子（と大炊王の立太子）を指すことは、間違いないところであろう。そして四日後、天平宝字元年三月丁丑《廿九》条には、

皇太子道祖王、身は諒闇《りょうあん》に居りて、志、淫縦《いんしょう》に在り。教勅《きょうちょく》を加ふと雖も、曾て改め悔《く》ゆること无《な》し。是に、勅して群臣を召し、先帝の遺詔《いしょう》を示し、因て廃不《はいふ》の事を問ひたまふ。右大臣已下、同じく奏して云《もう》さく、「敢へて顧命《こめい》の旨に乖《そむ》き違《たが》はじ」と

まうす。是の日、皇太子を廃して、王を以て第に帰す。

とある。道祖王が、諒闇中でありながら淫縦であり、孝謙《こうけん》の教導にも従わなかったので（もともと孝謙は道祖王に親権を行使できる立場にはなかったのであるが）、群臣に聖武の「遺詔」を示し、廃太子《はいたいし》を諮問《しもん》した。右大臣豊成《とよなり》以下の群臣は、聖武遺詔に従うことを述べ、廃太子が決定した、という手順である（あと一ヵ月あまりで聖武の喪が明けてしまい、「諒闇」でなくなることにも注目したい）。

ここに言う「淫縦」とは、天平宝字元年四月辛巳条によると、ひそかに侍童《じどう》に通じ、機密を民間に漏らし、女性の言ばかり信用し、夜に東宮《とうぐう》を出て遊び歩く、ということを指すのであるが、もちろん、本当に道祖王にこのような行動があったかどうかはわからない。ただ、ここにある「機密」は、仲麻呂の専権の維持に関わる王権内部の事項であった可能性が高い。加えて、道祖王自身も「臣為人《ひととなり》拙《つたな》く愚《おろか》にして重きを承《う》くるに堪へず」と発言していたように、仲麻呂政権下の皇位に必ずしも執着していなかったことは、注目すべきであろう。「高位」を望まないという皇親の態度は、「皇位」をも望まないという態度に達したのである。

また、ここに見える聖武の「遺詔」が興味深い。遺詔によって立太子した道祖王が、遺詔によって廃太子されたことになるのである。天平宝字八年の淳仁《じゅんにん》天皇廃位の際や、神護景雲三年（七六九）の道鏡《どうきょう》事件の際の孝謙（称徳《しょうとく》）の宣命から窺える遺詔は、⑴道祖王を皇太子とすること、⑵事情によっては皇太子の変更もあり得ること、⑶その場合の人選やその後の皇位継承については孝謙の判断に一任すること、の三点であったとされる（青木和夫《あおきかずお》他校注『新 日本古典文学大系　続日本紀　三』補注20—五、岩波書店、一九九二年）。ただし、あくまで孝謙（称徳）のそれぞれの時点における主張であることも、考慮に入れておかなければならない（特に、「孝謙の判断に一任」は、怪しい。一任したとすれば、それは光明皇太后に対してであったであろう）。

なお、淳仁《じゅんにん》天皇即位前紀によると、この廃太子には、光明皇太后も「策《はかりごと》を禁中《うち》に定め」たメンバーとして挙げられている。孝謙の「勅」というのも、実質的には「天皇家の長」である光明皇太后の意向を反映したものだったのであろう。

## 大炊王の立太子

数日後、早くも新しい皇太子の決定が行なわれた。天平宝字元年四月辛巳条には、

天皇、群臣を召して問ひて曰はく、「誰《いずれ》の王《おおきみ》を立てて皇嗣《みつぎ》とすべけむ」とのたまふ。右大臣藤原朝臣豊成、中務卿藤原朝臣永手《ながて》ら言《もう》して曰はく、「道祖王の兄《このかみ》、塩焼王を

立つべし」といふ。摂津大夫《せっつだいぶ》文室真人𣑥努、左大弁大伴《おおとも》宿禰古麻呂《こまろ》ら言して曰はく、「臣を知るは君に若くは莫し。子を知るは父に若くは莫し。大納言藤原朝臣仲麻呂言して曰はく、「臣を知るは君に若《し》くは莫《な》し。子を知るは父に若くは莫し。唯、天意の択《えら》ひたまふ者《ひと》を奉《う》けたまはらむのみ」といふ。勅して曰はく、「宗室の中《うち》、舎人・新田部の両《ふたり》の親王《みこ》は、是れ尤《もと》も長《としうえ》なり。茲《これ》に因りて、前《さき》に道祖王を立てしかども、勅教《ちょくきょう》に順《したが》はずして遂に淫《みだら》なる志を縦《ほしきまにま》にせり。然れば、舎人親王の子の中より択《えら》ふべし。然れども、船王は閨房《けいぼう》修まらず。池田王は孝行《こうぎょう》闕《か》くること有り。塩焼王は太上天皇責めたまふに無礼《むらい》を以てせり。唯《ひとり》、大炊王《おおい》、未だ長壮《としさかり》にあらずと雖も、過悪《かあく》を聞かず。この王を立てむと欲《おも》ふ。諸卿《まえつきみたち》の意《こころ》に如何《いかに》」とのたまふ。是に、右大臣已下、奏して曰はく、「唯《ただ》、勅命《おおみこと》、是れ聴きたてまつらむ」といふ。是より先、大納言仲麻呂、大炊王を招きて田村の第《てい》に居《お》らしむ。

とある。群臣に皇嗣を諮問したのであるが、藤原豊成・藤原永手が塩焼王を、文室𣑥努・大伴古麻呂が池田王（その妻は橘氏であった）を、それぞれ推した後、最後に仲麻呂が天皇の意見に従うと報答した時、参加者はこの会議の真意を知って愕然《がくぜん》としたことであろう。

まず注目すべきは、この会議が通常のいわゆる議政官をメンバーとして開催されたわけではないことである。当時の議政官のうち、中納言多治比広足《たじひのひろたり》、参議石川年足《いしかわのとしたり》・大伴兄麻呂《あにまろ》・藤原清河《きよかわ》・橘奈良麻呂の意見が見えず（藤原清河は在唐）、逆に議政官ではない藤原永手・文室珎努・大伴古麻呂の意見が見える。これが、天皇からの指名によって参加者が決定された「群臣会議」であったことがわかる。これらのうち、文室珎努からは元皇親としての意見、大伴古麻呂からは反体制派としての意見を、それぞれ探るという意図で、参加させられたものであろう。

　彼らに皇太子候補とされた諸王は、新田部・舎人系の二世王である塩焼王と池田王であった。皇位継承有資格者が、すでにこの二系統に限定されてしまっているのである。仲麻呂の報答を承けた孝謙の勅も、舎人・新田部両親王が「宗室《そうしつ》の中」で「尤も長」であるという理由で、皇統がその二系統に絞られることを言明したうえで、新田部の子の道祖王を退けたので、今度は舎人の子のなかから選ぶことを宣言している。孝謙が候補として挙げた王のうち、船王・池田王、そして意中の大炊王は舎人の子である。新田部の子である塩焼王をわざわざ挙げて退けているのは、不破内親王の夫であるという事情と、その結果支持が多く集まっていたことを考慮したためであろう。仲麻呂や光明皇太后・孝謙の意中がはじめから大炊王にあったとしても、このような手続きを踏んでいることは重要である。

大炊王は、舎人親王の第七子で、母は当麻老《たいまのおゆ》の女《むすめ》の山背《やましろ》である。この時二五歳で、まだ蔭叙は受けていなかった。淳仁《じゅんにん》天皇即位前紀には、

……是より先に、大納言藤原仲麻呂、大炊王に妻《めあわ》すに亡男真従《まより》が婦粟田諸姉《めあわたのもろね》を以てし、私第に居らしむ。

とある。仲麻呂の子の寡婦《かふ》と結婚して仲麻呂邸に迎えられていたということは、仲麻呂の婿《むこ》の扱いを受けていたわけである（後世の用語で言うと、「後見《うしろみ》」を受けていたことになる）。仲麻呂の意中が、はじめから大炊王にあったことは、明らかであろう。

それにしても、孝謙に召された「群臣」たちは、この程度の仲麻呂の策謀も見抜けなかったのだろうか。律令国家成立以来例のない、諸卿への皇嗣諮問という形式に幻惑されて、思わず本音を発言してしまい、仲麻呂や孝謙にその心中を見透かされてしまったのである。

先にも述べたように、奈良麻呂の意見としては、もともと必ずしも道祖王の立太子に賛成していたわけではなかったであろうが、このような経緯によって廃太子が行なわれ、次の皇嗣が決定したということは、その怒りを頂点に達せさせたであろう。彼が一〇年以上もの間策動し続けていた軍事クーデターは、このような茶番劇にも如《し》かなかったのである。

# 橘奈良麻呂の変

## 仲麻呂の「先手」

天平勝宝九歳（天平宝字元年、七五七）五月二十日、仲麻呂《なかまろ》はこの日施行した養老《ようろう》令の外に紫微内相《しびないしょう》という職を設け、それに任じられた。これは鎌足《かまたり》や房前《ふささき》が拝された、天皇権力に密着する権臣《ごんしん》としての内臣に倣《なら》うとともに、「内外の諸《もろもろ》の兵事を掌らしむ」とあるように（天平宝字元年五月丁《廿》卯条）、本来ならば直接天皇が掌握するはずの軍事権を手中にするための地位であった（岸俊男《きしとしお》『藤原仲麻呂』、前掲）。緊迫する政治情勢を敏感に察知した仲麻呂が、先手を打ったものである。

次いで六月九日、「勅五条《ちょくごじょう》」を制し、平城《へいぜい》京を戒厳令下に置いた。勅五条の内容は、(1)氏長が公事以外のことで族人を召集することを禁止すること、(2)格で定めた蓄馬の制限頭数を厳守すること、(3)令条に定める兵器の私蔵制限を厳守すること、(4)武官以外が京内で兵器を携行することを禁止すること、(5)京内を二〇騎以上の集団で集行することを禁止すること、であり、違犯した場合には違《い》勅罪《ちょくざい》を科すとしている。

この頃から、盛んに陰謀の密告が行なわれた。以下、事変の過程における種々の記録を時間順に整理することによって、「橘奈良麻呂の変」を再構成していく。

## 巨勢堺麻呂の密告

まず六月十六日以前のある日、巨勢堺麻呂《こせのさかいまろ》の密告があったことが、天平宝字元年七月戊申[二]条に見える。都下が戒厳令下に入った頃のことであろう。

> 是より先、去《い》ぬる六月に、右大弁巨勢朝臣堺麻呂、密《ひそか》に奏《もう》さく、「薬方《やくほう》を問はむが為に、答本忠節《たほのちゅうせつ》が宅《いえ》に詣《まい》でしとき、忠節因て語りて云はく、『大伴古麻呂《おおとものこまろ》、小野東人《おののあずまひと》に告げて云へらく、「人の、内相を劫《おか》さむとする有り、汝《いまし》、従はむや」といへり。東人答へて云へらく、「命《おおせ》に従はむ」といへり。忠節、斯《こ》の語《こと》を聞きて右大臣に告ぐ。大臣答へて云はく、「大納言年少《わか》し。吾、教誨《きょうかい》を加へて殺すこと莫《な》からしむべし」といへり』といふ」とまうす。

答本忠節が堺麻呂に、以下のようなことを語った。大伴古麻呂が小野東人に、仲麻呂殺害を企てている人がいることを告げ、計画への参加を呼びかけたところ、東人は承諾した。忠節はこのことを豊成《とよなり》に告げたが、豊成は、自分が言って聞かせるから仲麻呂を殺すのはやめるように、と言うのみであった。堺麻呂は、それを聞いて慌てて密告したのである。

ここで語られている「内相を劫さむとする」人を奈良麻呂とすると、先に挙げた天平勝宝八歳四月の奈良麻呂の三度目の陰謀との関わりが気にかかる。佐伯全成《さえきのまたなり》が陰謀に加わらないことを述べてその場を辞去した後にも、奈良麻呂と古麻呂は留まって密談を続けていた、とあるが、その頃から仲麻呂暗殺計画が持ち上がったのであろう。そして、奈良麻呂—古麻呂—東人—忠節—豊成—堺麻呂と拡大してしまった反仲麻呂勢力に関する情報が、堺麻呂の段階で外部に漏れたことになる。堺麻呂が当時仲麻呂派の中心人物であったことは、すでに指摘されているところであるが（野村忠夫《のむらただお》「律令官人社会構成と仲麻呂政権の成立—吉備朝臣真備と石川朝臣年足—」、『古代学』第六巻第一号掲載、一九五七年）、このような人物に重要な情報を気軽に話してしまうというのは、忠節はこの段階では、奈良麻呂一派の一員ではなかったことを示すものであろう。

また、仲麻呂の同母兄で右大臣であった豊成は、この情報を得ても、奏聞したり、仲麻呂に告げたりすることなく、事を穏便に済ませようとした。彼の保守的な姿勢が窺える例であるが、同時にまた、仲麻呂との間にすでに疎隔《そかく》が生じていることを示すものでもある（仲麻呂のことを自分の下僚として「大納言」と称していることも、象徴的である）。豊成がこのことを奏聞しなかったことは、後に彼が左降される原因となる。

この情報を得た仲麻呂は、十六日、大規模な人事異動を敢行した。奈良麻呂を兵部卿から右大弁に貶《おと》し、古麻呂に陸奥《むつ》鎮守将軍《ちんしゆしようぐん》を兼ねさせて追放し、また、衛府官人を大幅に異動するなど、反対勢力を武官の中枢部から一掃し、中央の親衛軍を確実に自己の支配下に置いた（笹山晴生《ささやまはるお》「中衛府の研究―その政治史的意義に関する考察―」、『日本古代衛府制度の研究』所収、東京大学出版会。初出は一九五七年）。

## 反仲麻呂派の謀議　四

その頃、反仲麻呂派は、仲麻呂暗殺計画を拡大させた具体的な謀反《むへん》の計画を作成し、しばしば会盟を行なっていた。それが見えるのは、天平宝字元年七月庚戌条の、小野東人の勘問記録である。

詔《みことのり》して、更に中納言藤原《ふじわら》朝臣永手《ながて》らを遣して、東人らを窮《きわ》め問はしめたまふ。款《もう》して云はく、「事毎《ことごと》に実《まこと》なり。斐太都《ひだつ》が語《こと》に異なること無し。去《い》ぬる六月の中《なかころ》、期《ちぎ》り会ひて事を謀《はか》ること三度。始《はじめ》は奈良麻呂が家に於《おき》てし、次には図書《ずしよ》の蔵の辺《あたり》の庭に於てし、後には太政官院の庭に於てせり。その衆《ひとびと》は、安宿《あすかべ》王・黄文《きふみ》王・橘奈良麻呂・大

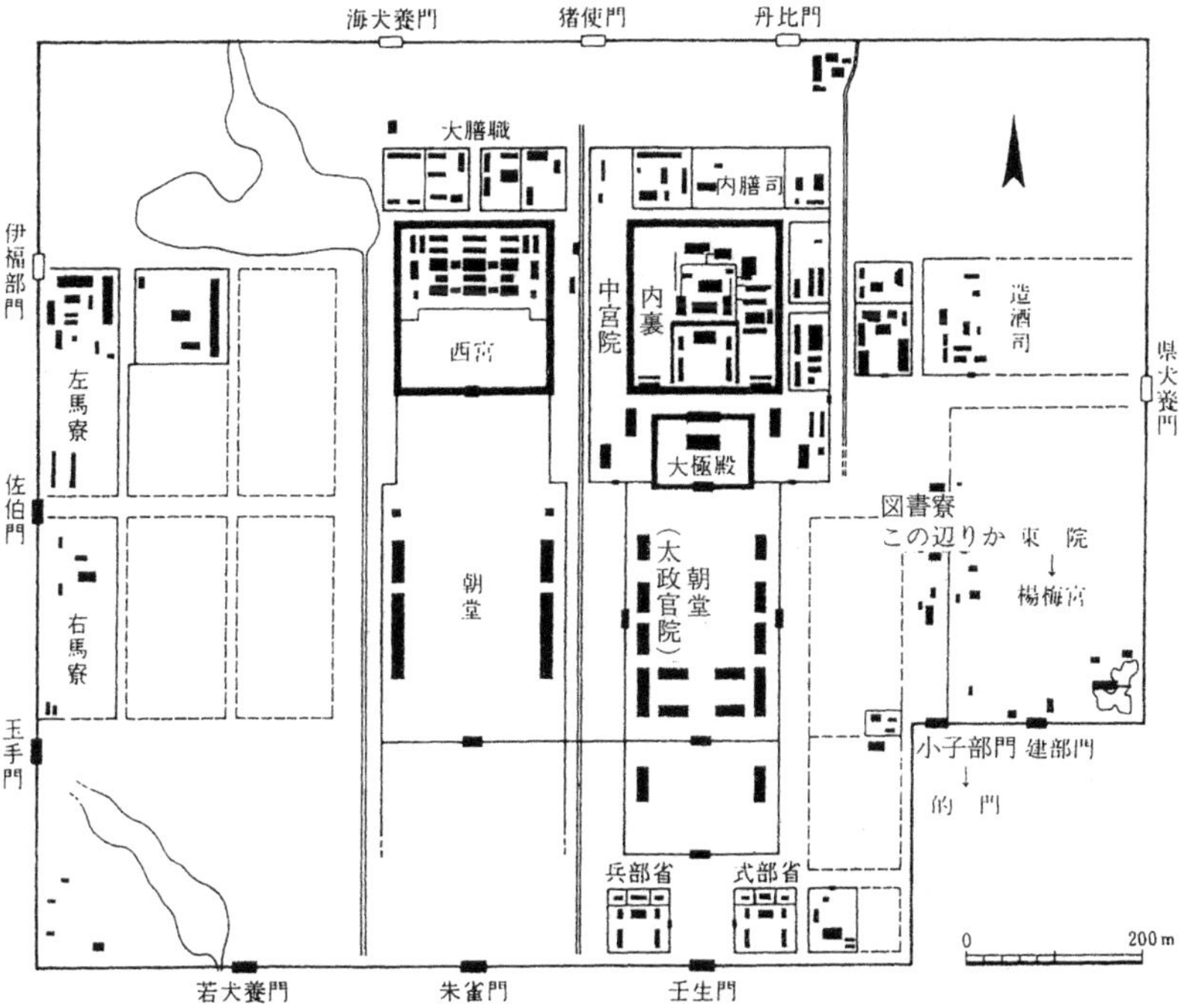


図６　平城宮図（小澤毅氏作成のものに加筆した）

伴古麻呂・多治比犢養《たじひのこうしかい》・多治比礼麻呂《いやまろ》・大伴池主《いけぬし》・多治比鷹主《たかぬし》・大伴兄人《えひと》なり。自《その》余《ほか》の衆《ひと》は、闇《くら》裏くしてその面《かお》を見ず。……」といふ。

奈良麻呂の一派は、六月中に三度にわたって会盟を行なったというのである。一度目は奈良麻呂の宅、二度目は図書寮《ずしょりょう》の庭、三度目は太政官院（東区朝堂院）の庭というのが、その場所であった。だんだんと大胆になってきているが、計画の綿密さが増したわけではない。

なお、この三度目は、六月二十九日の謀議のことを指すものである。天平宝字元年七月庚戌《四》条下文や天平宝字元年七月戊午《十二》条にも見えるので、後に詳しく述べる。

東人の自白で興味深いのは、謀反計画に参加したメンバーが列挙されている点である。そのメンバーは、奈良麻呂や東人のほか、諸王が二人（長屋《ながや》王の遺児、母は不比等《ふひと》女《むすめ》の長《なが》娥子《こ》）、大伴氏が三人、多治比氏が三人であった。他の者は暗くて見えなかったと言うが、彼らはメンバーも不分明なまま、謀反へと向かっていたのであろうか。

大伴氏と多治比氏がメンバーに入っているのは、以前からの流れとして自然であるが（ただし、大伴氏の主流である家持《やかもち》は、すでに計画から脱落している）、彼らがその武力を頼みにしていた佐伯氏は、一人も参加していないようである。奈良麻呂が何度も参加を要請した全成は遠く陸奥にあり、美濃麻呂《みのまろ》は仲麻呂と気脈を通じていたらしいなど、すでに氏族ぐるみの参加を求められるような状況ではなかったのである。

## 山背王の密告

そのような情勢のなか、密告を行なう者が続々と現われた。まず六月二十八日、黄文王の同母弟にあたる山背《やましろ》王が、奈良麻呂の謀反を密告した。安宿王を仲間

黄文王は、兄の安宿王よりも先に山背王に計画を持ちかけていたのである。安宿王を仲間に引き入れてしまうと、そちらに皇嗣の座を譲らなければならないといった計算によるものであろうか。それはともかく、山背王の密告は、天平宝字元年六月甲辰《廿八》条に、

是に至りて、従四位上山背王復告《またもう》さく、「橘奈良麻呂、道に反《そむ》きて兵器《つわもの》を備へて、田村宮を囲まむことを謀る。正四位下大伴宿禰古麻呂も亦《また》その情《こと》を知れり」とまうす。

とある。黄文王から得た情報を基に、奈良麻呂の計画と、古麻呂の関与を告げたものである。他の者の密告に比べると、その内容が具体性に乏しく、稚拙《ちせつ》な情報に基づくものであったことがわかる。これは、奈良麻呂によって一貫して皇嗣に擬されていた黄文王も、謀反計画自体には深く関与してはいなかったことを物語る。謀反を起こそうという者にとって、皇親が単に次期皇位予定者としての「玉《ぎょく》」に過ぎず、行動の詳細を相談する相手ではなかったことを窺わせるものである。ただし、田村宮の大炊皇太子を害する計画がある

ことが明らかとなったことは、重要であったはずである。

ともあれ、おぼろげながらも計画を知らされた山背王は、とにもかくにも密告を行ない、身の保全をはかった。彼らの父である長屋王が策謀によって自尽に追い込まれる悲運に遭ったことに対する私怨はより強く、安宿も黄文も山背も反仲麻呂派として、奈良麻呂らの謀議に加わっていたという想定（岸俊男『藤原仲麻呂』、前掲）も、決して考えられないではない。しかし、私にはむしろ、長屋王遺児として一方からは期待され、また一方からは危険視されるという立場は、彼ら兄弟の肩に重くのしかかり、その不安から一刻も早く逃避したいという願望こそが、安宿王も含めた三人を三者三様に動かしていたように思えるのである。山背王は、この「功績」が孝謙《こうけん》天皇に嘉《よみ》せられ、特に姓を藤原と賜わり、弟貞《おとさだ》と名のった。こうして晴れて皇親籍を脱した山背王、いや弟貞は、この後の政局を無事乗り切り、従三位参議礼部《らいぶ》（治部）卿《かみ》として天平宝字七年に薨じている（天平宝字七年十月丙戌条。ただし、それは恵美押勝《えみのおしかつ》の乱が勃発する一年前のことであり、いま少し彼が長命であったならば、運命はどうなっていたかわからない）。

この山背王の密告は、律令制下の皇親を論じるに際しては、きわめて示唆に富む例と言うことができよう。皇親には、みずから主導的に国家に反する意志などはなく、また一方、皇親に「皇権の藩屏」としての役割があったとするのならば、それは近親の「謀反」を密告することだったとでも言うほかはない。

## 謀反計画の全容

続く二十九日は、奈良麻呂派の最終的な謀議が行なわれた日である。

小野東人の勘問記録のほかに、同じ天平宝字元年七月庚戌[四]条に載せられている安宿王や佐伯古比奈《こひな》の自白、天平宝字元年七月戊申[二]条に見える上道斐太都《かみつみちのひだつ》の密告によって、彼らの謀議の全容を窺い知ることができる（天平宝字元年七月戊午[十二]条の村長《むらのおき》を前にした詔も、大略同じである）。まず、小野東人の自白の内容は、以下のとおりである。

詔して、更に中納言藤原朝臣永手らを遣して、東人らを窮め問はしめたまふ。款《もう》して云はく、「……庭の中にして天地《あめつち》と四方《よも》とを礼拝《おが》み、共に塩汁《しおしる》を歃《すす》り、誓《うけ》ひて曰はく、『七月二日の闇頭《よる》を以て、兵《いくさ》を発《おこ》して内相の宅《いえ》を囲み、殺し劫《おびやか》して即ち大殿《おおとの》を囲み、皇太子を退《しりぞ》けむ。次に、皇太后宮《おおきさきのみや》を傾《かたぶ》けて鈴・璽《しるし》を取らむ。即ち右大臣を召して、号令せしめむ。然して後に、帝《みかど》を廃して、四《よたり》の王《おおきみ》の中を簡《えら》ひて、立てて君とせむ』といへり」といふ。

次は、安宿王の自白記事を見ることとする。

是に、告げられたる人等を追《め》して、来るに随ひて悉く禁《いまし》め着け、各別処《ことところ》に置きて、一々《つばいらか》に勘へ問ふ。始《はじめ》に安宿に問ふ。款《もう》して云はく、「去《い》ぬる六月廿九日の黄昏《たそかれ》に、黄文来りて云はく、『奈良麻呂、語言《こということ》を得むと欲《ねが》ふ』と爾《しか》云ふ。安宿即ち従ひ往きて、太政官院の内に至れり。先に廿許人有り。一人迎へ来て礼揖《れいゆう》す。近く着きて顔を看《み》るに、是れ奈良麻呂なり。また、素服《そぶく》の者《ひと》一人有り。熟《よ》く此を看れば小野東人なり。登《その》時《とき》、衆人《もろひと》共に云はく、『時既に過ぐべし。立ちて拝むべし』といふ。安宿問ひて云はく、『知らず、何の拝《おがみ》ぞ』といふ。答へて云はく、『天地《あめつち》を拝むのみ』と爾云ふ。安宿、情《こころ》を知らずと雖も、人に随ひて立ちて拝む。欺《あざむ》かえて往きしのみ」といふ。

次に、佐伯古比奈の自白記事である。

また、佐伯古比奈に問ふ。款《もう》して云はく、「賀茂角足《かものつのたり》、高麗福信《こまのふくしん》・奈貴《なき》王・坂上苅《さかのうえのかり》田麻呂《たまろ》・巨勢苗麻呂《なえまろ》・牡鹿嶋足《おしかのしまたり》を請《まね》きて、額田部《ぬかたべ》が宅《いえ》にして酒を飲ましむ。その意《こころ》は、此《これ》らの人をして発逆《ほつぎやく》の期《とき》に会ふこと莫《な》からしめむが為なり。また、角足と逆《さか》ふる賊《あたども》と謀りて、田村宮の図《かた》を造りて、指《さ》し授けて道に入らしめむとす」といふ。

最後に、上道斐太都の密告内容である。七月二日に斐太都が、以前に備前《びぜん》守として地元に赴任していた小野東人に自派への加入を要請された際の、東人との問答の部分である。

是の日の夕《ゆうべ》、中衛舎人《ちゅうえのとねり》従八位上上道臣斐太都、内相に告げて云はく、「今日の未《ひつじ》の時に、備前国《きびのみちのくに》の前守《さきのかみ》小野東人、斐太都を喚《よ》びて謂《かた》りて曰はく、『王臣、皇子と内相とを殺さむと謀ること有り。汝能く従はむや』といへり。斐太都問ひて云はく、『王臣とは誰等《たれたれ》に為《あ》るか』といふ。東人答へて云はく、『黄文王・安宿王・橘奈良麻呂・大伴古麻呂ら、徒衆《ともがら》甚だ多し』といふ。斐太都また問ひて云はく、『衆《もろもろ》の謀る所は、若《いか》にかせむとする』といふ。東人答へて云はく、『謀る所二つ有り。一つには、精兵《しょうひょう》四百を駈せ率て、田村宮を囲まむとす。二つには、陸奥将軍大伴古麻呂、今、任所《まけのところ》に向ひ、行きて美濃関に至るときに、詐りて病と称《もう》して、一二《ひとりふたり》の親《うがら》の情《こころ》に相見《まみ》えむために、官《つかさ》の聴許《ゆるし》を蒙《かごう》らむと欲《おも》ふと請ひ、仍て即ち関を塞ぐなり』といふ。斐太都、良久《ややひさ》しくして答へて云はく、『敢へて命《おおせ》に違《たが》はじ』といへり」とまうす。

以上の各人の自白のなかでは、安宿王のみが何らの行動計画も明らかにしておらず、黄文王に誘われて太政官院に赴いたこと、何を拝むかもわからず、ただ人に随い欺かれて礼拝したことを語っているに過ぎないという点において、異質である。

それに対し、小野東人や佐伯古比奈の自白、それに上道斐太都の密告には、七月二日夜の具体的な行動計画が詳細に語られている。

それらを総合すると、京内においては、第一に仲麻呂の田村第を囲んでこれを殺すこと、第二に田村第内の田村宮を囲んで大炊《おおい》皇太子を廃すること、第三に光明皇太后の居所（旧不比等邸である法華寺）を占拠して駅鈴と天皇御璽を奪取すること、第四に右大臣豊成に天下の号令を行なわせること、第五に孝謙天皇を廃して四人の王のなかから新天皇を選ぶこと、地方においては、大伴古麻呂が陸奥への赴任の途中、不破《ふわ》関に留まり、関を閉塞すること、そしてそれらの伏線として、賀茂角足が高麗福信ら仲麻呂派の要人を京外に招いて飲酒させ、決起の際に釘付けにしておくこと、また田村宮の図を造って反乱軍の進入を扶けようとしたこと、が謀られている。

わけも分からずに二十九日に至って会盟に参加してしまった安宿王と異なり、反仲麻呂派の諸臣の行動計画は、古代国家の権力発動のシステムや、当時の権力中枢の在り所を、ともに的確にとらえている。国家権力を発動する源は、詮じつめれば駅鈴と御璽、つまり交通と文書《もんじょ》に集約されるわけであるし、彼らの標的が、仲麻呂・大炊王・光明子・孝謙の四者であったことは、当時の権力の中枢部分がどこにあったかを、正しく認識している。特に、光明皇太后も標的になっているということは、この権力体の実質的な「中核」がこの「天皇家の長」にあったことを、彼らが鋭敏に把握していたことを示すものである。

なお、これらの計画を遂行するために、彼らは「兵を発して」とか「精兵四百を駈せ率て」と言っている。しかし、兵を発すとはいっても、官兵はすでに仲麻呂の掌握するところとなっているのであり、彼らは大伴・佐伯氏らの私兵や秦《はだ》氏の傭兵《ようへい》に頼るしかなかった。それが質量ともにどれほどの効力を持ち得たものであったかは、はなはだ心許ない（二日の午後に、東人が中衛舎人の婁太都を勧誘したというのも、決行予定日には兵が集められていなかったことを示すものであろう）。

兵力に加えて、彼らは政治的指導者についても、人材不足の様相を呈していた。一年前の奈良麻呂の陰謀の際には、「右大臣・大納言」と並び称して、豊成・仲麻呂をともに敵と認識していたのに、今回は豊成に号令させようとしているのである。先に挙げた答本忠節の密告に対して豊成が寛容な態度を見せたという情報でも拠り所にしているのであろうが、それは豊成の保守的な政治姿勢を示しているに過ぎず、彼ら反仲麻呂勢力に共鳴しているわけではないのである。

さて、ここで名前の挙がった四人の諸王のうち、会盟に参加したことが明記されているのは、安宿王・黄文王の二人であるが（山背王がいないことを、どう考えていたのであろうか）、他の二人は塩焼王と道祖王が想定されていた。安宿王と黄文王は長屋王の遺児、塩焼王と道祖王は新田部親王の子である。塩焼王が聖武皇女の不破《ふわ》内親王を妻としていることは、先に見たとおりであり、この頃すでに本位に復されている。道祖王は先に廃太子され、右京の自邸（この年十一月に鑑真《がんじん》に賜わり、後に唐招提寺となる地か）に帰されていた。四人のうち、塩焼王と道祖王の二人は、会盟にも参列しておらず、積極的に謀反に加担したわけではない。おそらくは計画の詳細も知らされないまま、奈良麻呂派に名前を挙げられてしまったのであろう（ことによると、皇嗣に擬せられたことすら知らされなかったのかもしれない）。なお、池田《いけだ》王の妻は奈良麻呂の近親であったにもかかわらず、奈良麻呂が舎人系にまったく声をかけていないのは、大炊皇太子の線から仲麻呂に知られるのを恐れたためであろう。

天平十七年以来、奈良麻呂派によって皇嗣に擬せられてきた黄文王は別として（これとても、自身がどれほど積極的であったかは疑問である）、他の諸王は、ほんの歴史の偶然によって、皇位継承という表舞台に引っぱり出されてしまったものと考えるべきであろう。政変劇における皇親の関与の積極性を知る材料として、これらの記事は興味深い。

### 七月二日——孝謙・光明子の戒告と仲麻呂の弾圧開始

月が替った七月二日、計画の実行日がこの日であるとはまだ知らない王権側は、事態の鎮静化を求める戒告を、異例の詔の形で宣《の》り聞かせた。天平宝字元年七月戊申《二》条には、まず孝謙天皇が、奈良麻呂らによる謀反の風評を聞いてもなお、そんなことはあるまいと信じて処罰しなかったこと、多くの人が密告してきたけれども「慈《うつくしび》の政《まつりごと》」によって反省を促したい、という詔を発した。恩詔とも称すべき内容になっている。どうしても謀反を起こそうという人には、自分は慈しみたいけれども国法によって処罰せざるを得ない、と言っているところなど、後年の仏教徒の姿そのものであるが、これはむしろ、孝謙主導で事を専断し得ない当時の王権の姿を表わしていると言えようか。

問題は、この詔に続く光明皇太后の異例の「詔」である。光明皇太后の「詔」は、ここと翌三日の二つのみであり、いかに王権の危機意識が強かったかを窺うことができる。ここでは、より具体的な訓戒を宣り聞かせている。王臣たち（安宿王・黄文王・山背王・奈良麻呂らを指すか）を「吾が近き姪《おい》」と称してミウチ意識に訴え、故聖武天皇が、自分の死後には「太后《おおきさき》に能く仕《つか》へ奉《まつ》り助け奉れ」と、しばしば諸臣に語っていたこと、「内の兵《いくさ》」としての大伴・佐伯氏、「吾が族《うがら》」としての大伴氏に対して、特に忠誠を要求している。

王権側の意思は、この皇太后の詔の方に言い表わされていたと考えるべきであろう。この二つの詔は、武力衝突による両勢力の剝《む》き出しの対決を回避させ、事を穏便に収めようとする光明皇太后（と孝謙天皇）の意思が、仲麻呂の思惑を越えて、発露されたものと言うことができる。このままでは、奈良麻呂たちは不問に付され、この事件は闇から闇へと葬られていた可能性が強い。

しかしながら、現実の政治を担当する仲麻呂の立場に立つと、そうはいかなかった。同じ二日の夕刻、これまでの巨勢堺麻呂や山背王による密告とは異なり、具体的な謀反の計画を示した密告が、上道斐太都によってはじめて知らされたが、斐太都が仲麻呂のスパイとして奈良麻呂たちに入り込んでいたとする想定（平野邦雄《ひらのくにお》『和気清麻呂』、吉川弘文館、一九六四年）が正しいならば、事態の沈静化に危機感を抱いた仲麻呂が、斐太都に密告を行なうように指示した可能性もある。ともあれ、具体的な反乱計画の内容を知った仲麻呂は、ようやく弾圧に着手した。同じ条には続けて、

是の日、内相藤原朝臣仲麻呂、具《つぶさ》にその状《さま》を奏《そう》す。内外の諸門を警《いましめまも》衛らしめ、乃ち高麗朝臣福信らを遣して、兵を率《い》て、小野東人・答本忠節らを追ひ捕へしむ。並に皆捉《とら》へ獲て、左衛士府に禁《いまし》め着く。また、兵を遣して、道祖王を右京の宅《いえ》に囲《かく》ましむ。

とある。天平宝字元年七月戊午《十二》条によると、仲麻呂の上奏は、挙兵予定時刻を過ぎた深夜亥時であった。その後、諸門を厳戒するとともに、東人の追捕《ついぶ》を行ない、先に廃太子した道祖王邸を囲んだ。

この段階で、仲麻呂が把握していた反乱計画参加者は、大伴古麻呂・橘奈良麻呂・小野東人・黄文王・安宿王の五人であった（答本忠節は去就不明）。そのなかで東人のみを追捕したということは、とりあえずここを出発点として追及にかかり、他の者は泳がせておこうとしたのであろう。

その一方で、いまだ密告者から名前の出ていない道祖王に追及の手が及んだということは、仲麻呂は奈良麻呂派の擁立するであろう皇嗣を道祖王と踏んでいたことを示している。

なお、福信は額田部宅で酒を飲まされていたはずであったが、実際には宴会は開かれなかったものか、それともよほど酒に強かったのか、謀反人追捕に活躍している。もっとも、敵対派閥の人間にいきなり酒に誘われても、おいそれと飲み惚《ほう》けているわけにもいくまい。

**七月三日——豊成による尋問と光明子の恩詔**

翌三日、左衛士府に拘禁《こうきん》しておいた東人の尋問《じんもん》が行なわれた。尋問を行なったのは、右大臣豊成以下の八人であったが、尋問に対して東人は、犯行を否認したのである。この日はこのまま沙汰やみとなっているが、ここにも事を荒立てたくないという豊成の政治姿勢が現われている（あるいは、巨勢堺麻呂の密告に述べられていた仲麻呂暗殺計画の全容が暴露され、自分に累《るい》が及ぶのを避けようとしたものか）。

一方、この日、塩焼王・安宿王・黄文王・橘奈良麻呂・大伴古麻呂の五人に対して、光明皇太后の恩詔が下された。宣したのは、こともあろうに仲麻呂であった。天平宝字元年七月己酉《三》条によると、五人について謀反の密告があったけれども（塩焼王については、密告があったわけではない）、五人は自分の近親であって高い処遇を与えているので、恨まれる覚えはない、したがってその罪は赦す、というのである。

反乱計画への参加者として名前の割れていた五人のうち、安宿王・黄文王・橘奈良麻呂・大伴古麻呂の四人は、まだ逮捕されておらず、かといって決起したりもせず、ここに恩詔を賜わり、稽首《けいしゅ》してその恩を謝したのである。一方、名前の知れていない塩焼王がここに登場するということは、道祖王の兄という理由のほかに、皇嗣候補として擁立されそうな立場にあったからであろう。

ともあれ、この時点までは、首謀者たちも罪に問われることなく、光明皇太后や豊成の望んだとおり、事件は穏便に収拾されるかと思われた。

## 七月四日――大弾圧

ところが四日、事態は一変した。前日には白《しら》を切り通した東人が、この日は六月に行なった謀議の具体的内容を語り始めたのである。この背景には、前日の尋問には加わっていた豊成が外されたことがあるという岸俊男氏の見通し（岸俊男『藤原仲麻呂』、前掲）は、おそらく正鵠《せいこく》を射たものであろう。よほど苛烈《かれつ》な拷問《ごうもん》が加えられたと見るべきかもしれないが、私はむしろ、「事毎《ことごと》に実《まこと》なり。斐太都が語《こと》に異なること無し」（天平宝字元年七月庚戌〈四〉条）という東人の「自白」の言葉には、仲麻呂の意を汲んだ永手の作為が感じられる。このまま事件がうやむやになってしまい、首謀者たちが反体制派として生き残ることに、仲麻呂は強い危機感を抱いたのであろう。

この「自白」を承けた仲麻呂は、一挙に大弾圧を敢行する。同じ条には、

是に、告げられたる人等《ひとども》を追《め》して、来るに随ひて悉《ことごと》く禁《いまし》め着け、各別処《ことところ》に置きて、一々《つばいらか》に勘《かんが》へ問ふ。

とある。ここに至って、首謀者たちは一挙に拘禁され、尋問を受けることとなったのであ

る。ただし、この部分の表現からは、大規模な武力弾圧や抵抗が行なわれたことは読み取れない。首謀者たちは、ほとんど何らの兵力も準備できないまま、密告が行なわれたことに呆然と時を過ごしていたのであろうか。「来るに随ひて」という表現にも、また恩詔でも期待して、のこのこやって来た有様が窺える。この「謀反」の実体が、まったくの計画倒れのものであったことがわかる。

この日、安宿王・黄文王・橘奈良麻呂・大伴古麻呂・多治比犢養・佐伯古比奈が、勘問を受けた。「辞《こと》、頗《はなは》だ異なりと雖《いえど》も、略《ほぼ》皆大《おおき》に同じ」という表現からは、彼らの計画の不統一さと、それにもかかわらず彼らを何としても罪に陥したいという者の意志が窺える。

そのなかで興味深いのは、「主犯」の奈良麻呂の勘問記録である。同じ条に、

勅使また奈良麻呂に問ひて云はく、「逆謀《みかどかたぶけんとはかること》、何に縁《よ》りてか起《おこ》せし」といふ。款《もう》して云はく、「内相、政《まつりごと》を行ふに、甚だ無道《あじきな》きこと多し。故に、先づ兵《いくさ》を発《おこ》して、請《こ》ひてその人を得て、後に状《じょう》を陳《の》べむと将《せ》り」といふ。また問はく、「政を無道しと称《い》ふは、何等事《いかなること》をか謂ふ」ととふ。款して云はく、「東大寺を造りて、人民《おおみたから》苦び辛《たしな》む。氏々の人等《ひとども》も亦、是れ憂《うれえ》とす。また、剗《せき》を奈羅《なら》に置き、已に大なる憂と為る」といふ。問はく、「称ふ所の氏々とは、何等《いずれ》の氏をか指す。また、寺を造ることは元、

汝《いまし》が父の時より起れり。今、人の憂と噵《い》ふ。その言似ず」ととふ。是に奈良麻呂辞《ことば》屈《つま》りて服《つみにしたが》ふ。

とある。謀反を企てた理由を問われて、仲麻呂の政治に無道が多いので、兵を動員し、彼を捕らえてから事情を申し上げようとした、と答えた。次に「無道」の具体的な内容を問われて、東大寺造営による人民の辛苦と氏々の人らの憂い、奈良坂への関の設置を挙げた。最後に、具体的な氏の名を聞かれ、また東大寺造営は諸兄《もろえ》の時代に始まったことを指摘され、ついに奈良麻呂も言葉に窮して屈服した。

首謀者である奈良麻呂が、反乱の理由として東大寺造営に伴う「人民の辛苦」と「氏々の人らの憂へ」くらいしか、仲麻呂の「無道」を指摘できない点に注目すべきであろう。ここに言う「人民の辛苦」が実質を伴わないことは、これまでと同じであり、支配者層の間に広範な支持を得ることなどできるはずはない。

この後、皆を獄に下し、拷掠《こうりよう》・窮問《きゆうもん》を行なったところ、名を多夫礼《たぶれ》と改められた黄文王、麻度比《まどい》と改められた道祖王、大伴古麻呂、多治比犢養、小野東人、姓を乃呂志《のろし》と改められた賀茂角足ら（おそらく答本忠節も）は、杖《つえ》の下《もと》に死んだ。また、安宿王と妻子は佐《さ》渡《ど》に配流され、信濃《しなの》守佐伯大成《おおなり》・土佐《とさ》守大伴古慈斐は任国に配流された。与党の人々は、あるいは獄中に死に、他は配流された（宝亀元年七月癸未《廿三》条によると、配流されたのは四四三名とあるが、奈良麻呂がこれほど多くの者を糾合できたとは思えない。ほとんどは冤罪だったのであろう）。

また、遠江《とおとうみ》守多治比国人《くにひと》は、急ぎ入京のうえ勘問を受け、伊豆《いず》国に配流された。陸奥国には仲麻呂四男の朝獦《あさかり》が新任の陸奥守として下向し、前陸奥守佐伯全成を勘問した。天平十七年以来の奈良麻呂の陰謀を自白した全成は、勘問が終わると自経した。

なお、首謀者のなかで、奈良麻呂のみが処罪を明記されていないが、やはり拷問の結果、死に至ったと考えるべきであろう。

## 事変のあと

五日、早くも密告者に対する叙位が行なわれた。山背王と巨勢堺麻呂に従三位、上道斐太都に従四位下、県犬養佐美麻呂《あがたのいぬかいのさみまろ》と佐味宮守《さみのみやもり》に従五位下が授けられた。山背王が姓藤原朝臣を賜わったことは、先に述べたとおりである。八日、奈良麻呂らの亡魂《なきたま》に仮託して不穏な言動をすることを禁じる勅、与党に自首を命じる勅が発せられた。

そしていよいよ、追及の手が豊成に及ぶこととなった。九日、変に関わっていたとして三男乙縄《おとなわ》の身柄を引き渡すことが命じられた。十二日、乙縄が日向《ひゅうが》員外掾《じょう》に左降されるともに、豊成の責任を追及する勅が下された。それによると、賊党に附いて仲麻呂を忌み、答本忠節の密告を受けても奏上することなく、事変が発覚しても厳しく窮問することをしなかった、とあり、その結果、豊成は大宰員外帥《そち》に左降された（ただし、病と称して難波《なにわ》に引き籠った）。

同じ日、南院に諸司官人と京・畿内の百姓の村長以上を召集して、事変の概要を説明するという、異例の詔が発せられた。

そして二十七日、奈良麻呂たちによって名前が挙げられていながらも、ただ一人処分が確定していなかった塩焼王に対する処置が決定した。天平宝字元年七月癸酉《廿七》条には、

詔して曰はく、「塩焼王は唯《ただ》四王の列《つら》に預《あずか》れり。然るに謀《ことはか》れる庭《ところ》に会《まじ》らず、亦《また》告げらえねども、道祖王に縁《かか》れれば遠流《とおくながすつみ》罪に配《おさ》むべし。然れども其の父新田部《にいたべ》親王は清き明き心を以て仕《つか》へ奉《まつ》れる親王なり。其の家門《いえかど》絶つべしやとしてなも、此般《このたび》の罪免《ゆる》し給ふ。今より往く前《さき》は明き直き心を以て朝庭《みかど》に仕へ奉れと詔《の》りたまふ」とのたまふ。

と見える。塩焼王は名前が挙がっただけで謀議の場には参列しておらず、道祖王に縁坐して遠流《おんる》に処せられるべきであるけれども（賊盗《ぞくとう》律・謀反条による）、新田部親王の家門を絶やすわけにはいかないので、今回の罪は免じる、というものである。道祖王も謀議に参加

していたわけではないにもかかわらず、兄弟の間にこのような処分の差が生じたのは、仲麻呂がいかに廃太子道祖王の存在を恐れていたかを示すものである（同時に、聖武の遺詔によって立太子した道祖王の地位を、強引に奪ってしまったことに対する後ろめたさの裏返しでもあったのか）。また、後年の二人の関係を勘案すると、仲麻呂は塩焼王に対して、すでに何らか期待するところがあったのであろう（七月三日から四日までの間に、両者の間に連携が成立したものか）。

その一方では、八月二日、孝謙は、乳母であった山田三井比売嶋《やまだのみいのひめしま》が、奈良麻呂らの計画を知りながら、それを蔽匿《へいとく》していたことを責め（「為に寒毛《さむけ》を竪《た》つ」と言っている）、御母《みはは》の名を除き、宿禰の姓を奪うという処置を下した。

四日、功績のあった人々に対して叙位・任官を行ない、仲麻呂の側近を議政官に取り立てる一方、中納言多治比広足《ひろたり》が、姪《おい》たちの事変参加を教導できなかったことの責任を問われ、解任された。仲麻呂独裁政権への道が、確実に引かれたのである。

十八日、天平宝字への改元が行なわれ、事件はやっと一段落を迎えた。

## 奈良麻呂の変の意義

以上、「奈良麻呂の変」の概要をたどってきた。その過程においてしばしば述べてきたが、この政変の本質は、かつて北山茂夫《きたやましげお》氏が述べられたような（北山茂夫「天平末葉における橘奈良麻呂の変」、前掲）、「皇親政治の護持《ごじ》に志をつなぐ」ためのクーデターなどというものではなかった。そして奈良麻呂たちが敗れたのも、「ひろく豪族・民衆に訴えるすべを知らなかった」ためではない。東大寺造営に伴う「人民の辛苦」が貴族層内部の対立に反映して、政治的危機をいっそう激化させたことも、考えられなくはないが、そのことをこの政変の第一義的な背景と短絡させることは、厳に慎まなければならない。

あくまでも、王権と結んだ仲麻呂が、独裁的な権力を確立していく過程における、反対派氏族との宮廷政治闘争の一類型として、この事変をとらえるべきであろう。首謀者たちの発想は、大伴・佐伯氏を誘った奈良麻呂の言葉――他氏（藤原氏）に皇嗣決定を独占されてしまうと、自己の属する氏族は滅びてしまう。そこで、自分たちの望む王を皇嗣とすれば、他氏に先んじることができ、万世までの繁栄の基盤となるであろう――のなかに、如実に現われているのである。

本書の主旨に即して言えば、奈良麻呂たちが自派の擁立しようとする皇親を一人に絞りきれないまま、総花《そうばな》的に二系統・四人の皇親を担いでしまったため、そのうちの三人と、関係のないもう一人、計四人を失うことになってしまったということに、この政変の影響を求めるべきであろう。そして彼らを密告した山背王も、その「功績」によって皇親ではなくなったため、この変が終わってみれば、天武《てんむ》系皇親はわずかに舎人《とねり》親王系の大炊皇太子と船《ふね》王・池田《いけだ》王・守部《もりべ》王たち、そして新田部親王系の塩焼王を残すのみとなってしまったのである。

# 恵美押勝の乱

**仲麻呂独裁政権の確立と大炊王の即位**

独裁政権を確立した仲麻呂《なかまろ》は、租税の軽減、文武の奨励、興福寺維摩会《ゆいまえ》の興隆、東国防人《さきもり》の停止、公廨稲《くがいとう》・論定稲《ろんていとう》の規定、問民苦使《もみくし》の派遣など、積極的な内政を実施した。これらの政策の真の意図が律令国家体制の維持にはなく、あくまでも自己の権力の確立にあったという指摘（笹山晴生《ささやまはるお》「奈良朝政治の推移」、前掲）は、的を射ているものと言えよう。なお、天平宝字二年（七五八）二月に飲酒・集会の禁止を命じているのは、これまで政変に際して宴会が政治的結集の場になってきた経験に懲りたものであろう。

一方、天平宝字二年、光明《こうみょう》皇太后の病悩という状況のなか、八月一日、孝謙《こうけん》天皇は位を大炊《おおい》皇太子に譲り、ここに淳仁《じゅんにん》天皇（淡路《あわじ》廃帝）が即位した。譲位宣命の後半で、母皇太后に孝養を尽くしたい旨を述べていることが、この譲位の特異性を物語っている。高齢と病悩によって天皇大権を行使し得なくなった光明皇太后に代わって、自己の意思に忠実な天皇を即位させ、それに大権を委譲させたいという仲麻呂（そして皇太后）の思惑に対して、天皇大権を手に入れることのないまま位を譲らねばならなくなった孝謙の思いが、このような言葉となって噴出したのであろう。

淳仁に天皇大権が委譲されたことは、押勝《おしかつ》の乱に際して鈴印が淳仁の在所である中宮院（内裏）に保持されていたことから、明らかである。一方、太上天皇となった孝謙は、淳仁天皇に対して親権を行使し得る立場にはなかった。孝謙が太上天皇としての政治権力を発揮しようとした場合に、淳仁や仲麻呂との間に引き起こされるであろう鋭い対立は、もともと内包されていたものであった。即位の一〇ヵ月後、光明皇太后が淳仁に、「太政《おおきまつりごと》の始は、人の心未だ定まらず在りしかば、……」と語っているのは（天平宝字三年六月庚《十六》戌条）、このあたりの複雑な事情を指しているのかもしれない。

二十五日、官号が唐風に改易され、仲麻呂は大保《だいほう》（右大臣）に任じられて、ついに乾政《けんじょう》官（太政官）をも制覇した。同日、恵美《えみ》の姓、押勝の名、尚舅《しょうきゅう》の字《あざな》を淳仁から賜わったが、同時に鋳銭《じゆせん》・挙稲《きよとう》と家印《かいん》の使用を許されたことは、その准皇親化の一環であろう。

## 天武系皇親の動向

ここで天平宝字年間における天武《てんむ》系皇親の動向を見てみるが、その前に、仲麻呂の准皇親化の動きに触れておきたい。

すでに天平宝字元年三月、藤原部《ふじわらべ》を久須波良部《くずはらべ》、君子部《きみこべ》を吉美侯部《きみこべ》に改めよとの勅を出させたり、同年五月に、鎌足《かまたり》・不比等《ふひと》（史）の諱名《いみな》を避けよとの勅を出させたりして（『類聚三代格』所引天平勝宝九歳五月二十六日勅）、天皇家と藤原氏を同格に扱う処置を取っていた仲麻呂であったが、「婿」である淳仁の即位に伴って、自己の家（恵美家）のみを藤原氏からも分離して准皇親化するという指向を示し始めている（天平宝字三年十月には、「恵美」の「美」を含む「伊美吉《いみき》」姓を「忌寸」と改めさせている）。

また、皇親である石津王《いわつ》を猶子《ゆうし》としているのも（天平宝字元年正月戊午《九》条。薗田香融《そのだこうゆう》氏は、押勝の乱で斬殺された左勇士率仲真人石伴《さゆうじのかみなかいわとも》がこれであろうと推測された〈薗田香融「恵美家子女伝考」、『日本古代の貴族と地方豪族』所収、塙書房。初出は一九六六年〉）、天皇家との一体化をはかって准皇親化を目指す仲麻呂と、仲麻呂の庇護《ひご》下に入って身の保全をはかろうとする皇親の思惑が一致した結果であろう。

さて、押勝の乱が起こった天平宝字八年（七六四）時点における天武系皇親は、以下のとおりである（系図6参照）。

高市《たけち》皇子系　子は全員薨去、孫の出雲《いずも》王・岡屋《おかや》王が臣籍降下（豊野《とよの》真人・美和《みわ》真人）

草壁《くさかべ》皇子系　曾孫の阿倍《あべ》内親王が太上天皇（四七歳）、

井上《いのうえ》内親王が二品（白壁《しらかべ》王の妻、他戸《おさべ》王の母、四八歳）、

不破《ふわ》内親王が四品（塩焼《しおやき》王の妻）

舎人《とねり》親王系　子の大炊王が天皇（三二歳）、

船《ふね》親王が二品（散位か）、池田《いけだ》親王が三品（糺政台尹《きゅうせいだいのいん》）、

孫の和気《わけ》王が従四位上（伊予《いよ》守）、林《はやし》王が従四位下（木工頭）、

笠《かさ》王が従四位下（左大舎人頭《さおおとねりのかみ》）、宗形《むなかた》王が従四位下（右大舎人頭）

長《なが》親王系　子の智努《ちぬ》王・大市《おおち》王・奈良《なら》王が臣籍降下（文室《ふんや》真人、三嶋《みしま》真人）

新田部《にいたべ》親王系　子の塩焼《しおやき》王が臣籍降下（氷上《ひかみ》真人）

まず、孝謙の草壁嫡系意識について触れておく。草壁嫡系意識とは、正統性の根源として、天武《てんむ》と持統《じとう》の双方の血を受け継いだ草壁（天平宝字二年、岡宮御宇《おかのみやにあめのしたしらしめしし》天皇と追号された）の子孫こそが、天皇家正統を受け継いだ者であるという認識である。

しかし、この認識には、二つの点で自己矛盾が内包されていた。一つには、草壁の後の

系図6（天平宝字八年時点）

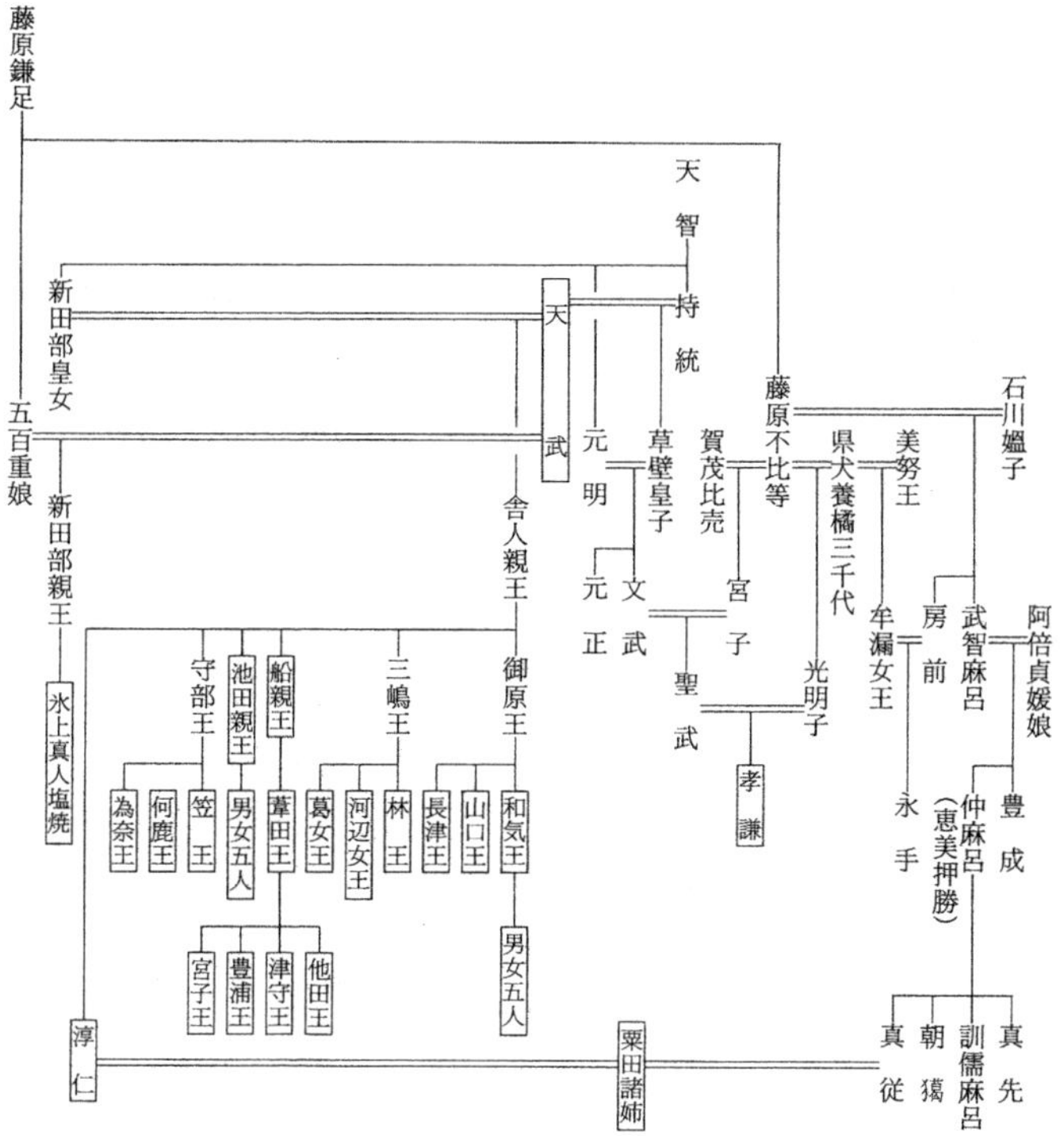

世代に藤原氏の血が濃く入ってしまっているという点である（孝謙の「藤原氏濃度」は、四分の三にも達する）。河内《こうち》祥輔《しょうすけ》氏が想定された、藤原氏所生の者に直系の資格が認定されるという「八世紀型の皇統形成原理」（河内祥輔『古代政治史における天皇制の論理』、吉川弘文館、一九八六年）は、あくまで結果論に過ぎないのであって、藤原氏の血が二世代にわたって入っている孝謙が、それゆえに直系を主張し得るとは、当時としては考えられない。そしていま一つには、天武と持統の双方の血を受け継ぐということは、天武・天智《てんじ》両方の血を受け継ぐということにつながるのであるが、この点を強調すればするほど、天武と天智皇女の間に生まれた皇子を祖とする系統（舎人・長・弓削《ゆげ》系）の価値が上昇してしまうことになるという点である（同様、天武と藤原氏の血を引く新田部系も、それに次ぐ系統と認識されたはずである）。

特にこの時期には、舎人系が天武・天智両方の血を引く系統であり、多数の皇親を擁していることが、支配者層に再認識されたことの意義は大きい。淳仁の母当麻山背《たいまのやましろ》は、皇親氏族の出身であり、これと孝謙の母の藤原光明子のいずれが尊貴であるかは、微妙な問題であろう。舎人系は、もはや新たな皇統とも称するべき有力な系統として、孝謙の前に立ちはだかってきているのである（これまで臣籍に降下せず、皇親として残っていたことも、有力皇統としての自信の表われであろうか)。しかも、孝謙の次の世代が生まれる可能性がないとなると、舎人系が次代の天皇をも継承していくということは、支配者層の誰もが予測したことであろう。しかし、河内氏が指摘されたように、淳仁は新皇統の創造要素である長期間の皇太子時代という手続きを経ておらず(河内祥輔『古代政治史における天皇制の論理』、前掲)、舎人系皇統の誕生は、押勝との密着によるきわめて政治的なものであった。草壁皇統を過剰に意識している孝謙との関係が、いずれ抜き差しならないものとなるであろうこともまた、十分に予想されたところであろう。

最初の衝突は、天平宝字三年六月に起こった。光明皇太后が淳仁(「吾が子」と言っている)に、父である舎人に皇帝を追号し、母の当麻夫人を大夫人《おおみおや》に、兄弟姉妹を親王にせよ、との命を(孝謙を経由せず)直接下し、淳仁はそれを孝謙に奏上した。ところが孝謙は、「『自分(淳仁)一人を皇位に上げていただいただけでも畏れ多いことなのに、父母兄弟に対してまでその地位を上げていただくとは甚だ畏れ多い、とてもお受けできない』と皇太后に申し上げるように」と命じたのである(もちろん、これは孝謙の認識を表わしている)。淳仁はそのとおりに皇太后に述べたのであるが、皇太后は何度も教戒し、その命によって舎人に崇道尽敬《すどうじんきょう》皇帝という皇帝号(これで草壁と同格になったわけである)、当麻山背に大夫人号、船王・池田王・室《むろ》女王・飛鳥田《あすかた》女王に親王号、舎人の孫たちに二世王としての従四位下が授けられた（天平宝字三年六月庚戌《十六》条）。この日を境に、光明皇太后や押勝の後見の下、舎人系皇親は、新皇統の有力な皇位継承有資格者として確立した。孝謙（光明子の実の「吾が子」である）は、光明皇太后や押勝、そして淳仁への憎悪を増幅させていったであろう。

なお、同じ日、淳仁は押勝を「朕《わ》が父」と、またその妻の袁比良女《おひらめ》を「はは」と、子息を「朕がはらから」と述べ、位階を授けている。天皇とのミウチ化を目指す押勝の得意と、孝謙の疎外感、そして憤怒は、想像に余りある。

## 光明皇太后の「崩御」と王権分裂

天平宝字四年正月、押勝は諸臣としてはじめて太政大臣（大師《だいし》）に任じられたが、それもつかの間、その権力は決定的な打撃を蒙《こうむ》った。三月以来、光明皇太后の不予が明らかとなり、六月に崩じてしまったのである。約二〇年間にもわたり、押勝の権力を支えてきた「天皇家の長」の死は、その独裁権力の基盤をも、一挙に突き崩してしまったのである。

皇太后が崩じて以来、身辺の軍事態勢を強化し、自己防衛の手段として軍事権の掌握を意図し始めていた押勝であったが（岸俊男《きしとしお》『藤原仲麻呂』、前掲）、その権力を脅かしたのは、皇太后の病悩と軌を一にして天皇大権を発揮し始めた孝謙太上天皇であった。

両者の衝突と分裂は、皮肉なことに天平宝字五年十月以来行幸していた、近江《おうみ》国（押勝の地盤である）の北京《ほっきょう》・保良《ほら》宮において始まった。宿曜秘法《すくようひほう》を修して孝謙の看病に侍していた内供奉禅師《ないぐぶぜんし》の道鏡《どうきょう》が、孝謙に「寵幸《ちょうこう》」されたという噂が広まったのである。道鏡伝（宝亀三年四月丁巳《六》条）には、

　宝字五年、保良に幸《みゆき》したまひしより、時《よりより》看病に侍《じ》して稍《やや》く寵幸せらる。廃帝、常に言を為して、天皇と相中《あた》り得ず。天皇、乃ち平城《なら》の別宮に還りて居《す》みたまふ。

とある。諸史料が言う「寵幸」「寵愛」は、必ずしも後世の史伝の伝えるようなものとは思えないが、二人の関係に対して、鋭い嗅覚の押勝が危機感を覚えたであろうことは、押勝の略伝（天平宝字八年九月壬子《十八》条）に、

　時に道鏡常に禁掖《きんえき》に侍《さもら》ひて甚だ寵愛せらる。押勝これを患《うれ》へて懐《こころ》自ら安からず。

と見えることからも、十分に窺えるところである。おそらくその意を承けたであろう淳仁が孝謙を諫《いさ》め、両者の間に間隙《かんげき》が生じることになった（光明皇太后が諫めたならば、事態は別の展開を見せたであろうが）。その結果、天平宝字六年五月、突然に両者は平城に還御したのである。天平宝字六年五月辛丑《廿三》条は、次のように伝える。

高野《たかの》天皇と帝と、隙《すき》有り。是に、車駕《きょが》、平城宮に還りたまふ。帝、中宮院に御《おわ》しまして、高野天皇は法華寺に御します。

そして六月三日、決定的な分裂を迎えた。天平宝字六年六月庚戌《三》条には、

五位已上を朝堂《ちょうどう》に喚《め》し集《つど》へて、詔《みことのり》して曰《のたま》はく、「太上天皇《おおきすめらみこと》の御命《おおみこと》以て卿等諸《まえつきみたちもろもろ》に語らへと宣《の》りたまはく、朕《わ》が御祖太皇后《みおやおおきさき》の御命以て朕に告《の》りたまひしに、『岡宮《おかのみや》に御宇《あめのしたしらしめ》しし天皇《すめらみこと》の日継《ひつぎ》は、かくて絶えなむとす。女子《おみなこ》の継《つぎ》には在れども嗣《つ》がしめむ』と宣りたまひて、此の政《まつりごと》行ひ給ひき。かく為《し》て今の帝《みかど》と立ててすまひくる間に、うやうやしく相従ふ事は无《な》くして、とひとの仇《あた》の在る言《こと》のごとく、言ふまじき辞《こと》も言ひぬ、為《す》ましじき行《わざ》も為《し》ぬ。凡そかくいはるべき朕には在らず。別宮《ことみや》に御坐坐《おおましま》さむ時、しかえ言はめや。此は朕が劣《おじな》きに依りてし、かく言ふらしと念《おもほ》し召せば、愧《はずか》しみいとほしみなも念す。また一つには朕が菩提心《ぼだいのこころ》発《おこ》すべき縁《よし》に在るらしとなも念す。是を以て出家《いえで》して仏の弟子と成《な》りぬ。但し政事《まつりごと》は、常《つね》の祀《まつり》小事《いささけきこと》は今の帝行ひ給へ。国家《みかど》の大事賞罰《おおきことしょうばつ》二つの柄《もと》は朕行はむ。かくの状《さま》聞きたまへ悟れと宣りたまふ御命を、衆《もろもろ》聞きたまへと宣る」とのたまふ。

とある。淳仁の諫言《かんげん》が、鄙賤《ひせん》の者が仇敵《きゅうてき》に対してなす言動のようなものであったと言う

のである。このような理由で、天皇と太上天皇による共同執政という、律令制成立以来の伝統を終焉《しゅうえん》させてしまった点は、孝謙の個性もさることながら、別系の皇統に属する天皇と太上天皇という、律令制定者も予期しなかった事態がもたらした悲劇と称するべきであろう。

またここでは、常祀などの小事は淳仁天皇が、賞罰などの国家の大事は孝謙太上天皇が、それぞれ担当するという、天皇大権の分割を命じている。しかしながら、実際のところは、鈴印が押勝の乱の勃発に至るまで一貫して淳仁の許に保持されていたことからもわかるように、淳仁が「国家大事」から疎外されたとは考えられず、むしろ淳仁と押勝側が政治的優位を保っていたと見るべきであろう（木本好信《きもとよしのぶ》「仲麻呂と孝謙上皇、淳仁天皇―政治権力の推移と皇統・皇権―」、『藤原仲麻呂政権の基礎的考察』所収、高科書店。初出は一九八七年）。

しかしながら、孝謙が激昂《げっこう》していることからも明らかなように、光明皇太后の在世中はかろうじて微妙なバランスを保っていた孝謙と押勝（そして淳仁）との関係が、ここに至って破綻《はたん》したことは、確実であろう。今後の政局は、剝《む》き出しの権力を獲得し始めた押勝と、太上天皇としての恣意《しい》の発現を隠そうとしなくなった孝謙との、陰湿な綱引きによって左右され、淳仁と道鏡がそれに踊らされるということになったのである。

### 押勝の権力強化と藤原良継事件

六月二十三日に、妻であり尚蔵《くらのかみ》兼尚侍《ないしのかみ》として後宮政策に大きく関わった藤原袁比良女を、九月三十日に、側近である御史大夫《ぎょしだいぶ》（大納言）兼文部《もんぶ》（式部）卿神祇伯《かみじんぎはく》の石川年足《いしかわのとしたり》を喪《うしな》った押勝であったが、それゆえに専権を強化する動きには、ますます拍車がかかった。

まず八月十一日、長男の藤原恵美訓儒麻呂《くずまろ》と、腹心の中臣清麻呂《なかとみのきよまろ》・上道正道《かみつみちのまさみち》（斐太《ひだ》都《つ》）・佐味伊与麻呂《さみのいよまろ》に命じて、淳仁の在所である中宮院に侍して勅旨の伝宣にあたらせるという措置を執った。自己の政治意思を執行する機関として勅旨省《ちよくしし》を創設した孝謙の動きに対抗して、淳仁の意思を直接に乾政官に伝達させようとしたのであろう。

次いで十二月一日、乾政官首脳部に大規模な異動を行なった。中納言には氷上塩焼・白壁王といった皇親を、参議には元皇親の藤原弟貞《おとさだ》（元山背《やましろ》王）や、訓儒麻呂・朝獦《あさかり》といった自己の子息、それに中臣清麻呂・石川豊成《とよなり》といった腹心を、それぞれ任じ、その権力を補強したのである。御史大夫の文室浄三《きよみ》（元智努王）に加えて三人の皇親（および元皇親）を自己の周囲に集めたのは、恵美家と天皇家との一体化を目指したものであろうし、真先《まさき》に加えて合計三人の子息を参議としたことは、その権力強化を、宮廷社会における伝統や、藤原氏内部におけるバランスを超越した次元で行なわなければならなくなったことを示し

ている。押勝の略伝（天平宝字八年九月壬子条《十八》）に、
その余《ほか》の顕要《けんよう》の官も姻戚ならずといふこと莫《な》し。独《ひと》り権威を擅《ほしきまにま》にして猜防日《さいぼうひび》に甚し。

と称されているのは、この頃から後のことであった。

しかし、氏族内部のバランスや序列をまったく無視した人事には、当然のことながら反発が起こる。押勝自身は、自己の恵美家を藤原氏からは分離した准皇親氏族と認識していたであろうが、藤原氏の他の家の人々はそのようには見ていなかったであろう。恵美家の者ばかりが参議に任じられれば、自分たちへの割り当て分が減ると考えて、憎悪の念を抱いたであろうことは、想像に難くない。

そして、具体的な行動を起こそうとしたのが、藤原良継《よしつぐ》（当時は宿奈麻呂《すくなまろ》）であった。良継は、天平宝字七年当時、四八歳。式家宇合《しきけうまかい》の次男。兄は広嗣《ひろつぐ》であるから、良継が式家の総帥《そうすい》ということになる。従五位上上野守《こうずけ》から、正月の任官で造宮大輔《ぞうくうだいふ》を兼ね、ようやく中央に復帰したばかりであった。中川収《なかがわおさむ》氏は、この任官は大権分離後の最初の定期異動であって、仲麻呂に除外されていると自覚していながら昇任した者は、孝謙による抜擢《ばってき》と思いこみ、なんらかの意図のもとに結集された一員であると信じたと推測された（中川収『奈良朝政争史　天平文化の光と影』、教育社、一九七九年）。

その薨伝（宝亀八年九月丙寅《十八》条）によると、良継は、押勝の子息三人が参議に任じられ、その下位に甘んじなければならないことに忿怨《ふんえん》を懐《いだ》き、また押勝が宅を楊梅宮《やまもものみや》の南に建て、東西に楼を構えて高く内裏を臨み、南門に櫓を造ったことに対して、人々は不臣と譏《そし》った、とある。後者は、良継が造宮大輔であったことから、当然関心が向かったものであろう。

良継は、正月に造東大寺長官《ぞうとうだいじのかみ》に復帰した佐伯今毛人《さえきのいまえみし》、同じく侍従《じじゅう》に加えて文部大輔も兼ねることとなった石上宅嗣《いそのかみのやかつぐ》、前年に信部《しんぶ》（中務）大輔として中央に復帰した大伴家持《おおとものやかもち》と謀り、押勝を害しようとした。天平宝字七年初頭のことであろう。大伴・佐伯両氏を語らってはいるものの、その計画はきわめて杜撰《ずさん》なものであったようで、道鏡の同族である右大舎人弓削男広《ゆげのおひろ》という者が、押勝に密告した。

この密告が道鏡の意を承けたものとするならば、その政治的バランス感覚は、なかなかのものである（仏教者として殺人を防ごうとしたのならば、その人間の大きさは、なおさらである）。勘問を受けた良継は、一人大不敬《だいふきょう》の罪を受けて姓と官位を剥奪《はくだつ》されたが（他の三人も天平宝字八年正月に左遷されている）、後に押勝を討ち、ついには内大臣《ないだいじん》に至って専権を手中にしている。

## 押勝の権力の衰退

天平宝字七年九月、押勝の仏教政策を支えてきた少僧都《しょうそうず》慈訓《じくん》が解任され、代わりに道鏡がこれに任じられた。孝謙による道鏡抜擢の始まりである。

明けて天平宝字八年正月、前年四月に佐伯今毛人の後任として造東大寺長官に任じられたばかりの市原王《いちはら》（押勝派と見られる）に代わって、明らかに反押勝派に属する吉備真備《きびのまきび》が長官に任じられた。押勝の経済的勢力拠点であった越前《えちぜん》国の東大寺領荘園の経営を通して、押勝の支配下にあった造東大寺司（岸俊男「越前国東大寺領庄園をめぐる政治的動向」、『日本古代政治史研究』所収、塙書房。初出は一九五二年）が、徐々に押勝から切り離されていったのである。

なお、この時の任官では、押勝は、子の藤原恵美薩雄《さつお》を右虎賁率《うこほんのかみ》、藤原恵美執棹《さおとり》を美《み》濃《の》守、藤原恵美辛加知《からかち》を越前守に任じ、また押勝派の仲石伴を左勇士率、大原宿奈麻呂《おおはらのすくなまろ》を左虎賁翼《すけ》に任じている。すでに参議に三人の子と女婿の藤原御楯《みたて》、伊勢《いせ》守に石川名足《なたり》を配していたが（近江《おうみ》守は押勝が兼ねていたか）、ここに議政官、衛府、関国は、押勝によって制覇されたのである。このようなりふり構わぬ専権の構築が、官人社会内部において彼らを孤立させせないわけはない。いかなる専制的な権力も、支配者層全体を自己の権力内に組み込むことは不可能であり、大多数を占める保守的な中間派との協調に意を用いなければならないはずである。押勝に対する孝謙の攻勢が一定のラインを越えたならば、ほとんどの中間派がそちらになだれ込むであろうことは、もはや明らかであった。

六月、女婿で授刀督《たちはきのかみ》兼伊賀《いが》近江按察使《あぜち》の藤原御楯が薨じた。次々と近親や側近を喪う押勝であったが、御楯の死の影響は、これまでになく大きなものであった。野村忠夫《のむらただお》氏が指摘されたように、「御楯按察使圏」は崩壊し、中央武力の「中核体」はその帰趨《きすう》を失ったのである（野村忠夫「仲麻呂政権の一考察―律令官人の動向を中心に―」、『律令政治と官人制』所収、吉川弘文館。初出は一九五八年）。後任として授刀衛《じゆとうえ》の長官に任じられたのは、その薨伝（天平神護二年三月丁卯《十二》条）によると、御楯の同母兄で押勝にその能を警戒され、病と称して家に籠っていた真楯《またて》（八束《やつか》）であった。そして、少志《しようし》の道鏡の弟・弓削浄人《きよひと》はもちろんのこと、大尉《たいい》粟田道麻呂《あわたのみちまろ》、少尉坂上苅田麻呂《さかのうえのかりたまろ》、将曹《しようそう》牡鹿嶋足《おじかのしまたり》、授刀紀船守《きのふなもり》など、結局授刀衛は、三ヵ月後に押勝追討にまわることになったのである。

## 押勝の反乱計画と相次ぐ密告

すでにこの年の夏、押勝と親交のあった池田親王は、兵馬を集積して事に備える一方（天平宝字八年十月壬申《九》条。その情報はすでに孝謙の許に届いていた）、来たるべき武力闘争から一家を隔離しようと、子女五人を臣籍に降下させていた（天平宝字七年八月己丑《十九》条）。

九月二日、押勝は都督四畿内三関《ととくしきないさんげん》近江丹波播磨《たんばはりま》等国兵事使《とうのくにのひょうじし》という職に就いた。これは、畿内・三関国・軍事上の要衝《ようしょう》の軍兵を総督する職で、押勝の略伝（天平宝字八年九月壬子《十八》条）によると、押勝が孝謙に諷《ふう》して就いたもので、兵士を掌握して自衛するために、諸国の試兵の法に准拠して、管内の兵士を国ごとに二〇人、五日交替で都督衙《ととくが》に集めて武芸を簡閲《かんえつ》するというものであった。ところがそれに続けて、

奏聞し畢《おわ》りて後、私《ひそか》にその数を益《ま》し、太政官の印《おして》を用ゐて行下《あてくだ》す。大外記高丘比良《たかおかのひら》麻呂《まろ》、禍《わざわい》の己《おのれ》に及ばむことを懼《おそ》りて、密《ひそか》にその事を奏す。

と見える。兵士の数を改竄《かいざん》して、太政官印を用いて諸国に下達し、大軍を都に集結させようとしたのである。孝謙側の攻勢に危機感を抱いた押勝が、焦って軍事力を身辺に置こうとしたのであろう。文書の作成にあたった高丘比良麻呂は、累《るい》の及ぶのを恐れて、そのことを密奏した。ここで問題になるのは、大軍を集結させ得たとして、押勝は次にいったいどのような行動を予定していたのであろうかという点である。

それを解く鍵となるのが、船親王の罪状を述べた詔（天平宝字八年十月壬申《九》条）である。

また詔して曰はく、「船親王は九月五日に仲麻呂と二人謀《はか》りけらく、書《ふみ》作りて朝庭《みかど》の

咎計《とがかぞ》へて進《たてまつ》らむと謀《はか》りけり。また仲麻呂が家の物計ふるに書の中に仲麻呂と通《かよ》はしける謀《はかりごと》の文《ふみ》有り。……」とのたまふ。

淳仁天皇とその兄の船・池田両親王が、押勝に連なるラインとして、「朝庭の咎」（道鏡を重用する孝謙の政治姿勢のことか）を並べ立てた文書を進上しようとしていたというのである。その後の計画についてはわからないが、孝謙を幽閉しようとでも考えていたのであろうか。当然のことながら、押勝が集結させた武力が、その背景として想定されていたはずである。草壁皇統を標榜《ひょうぼう》する孝謙にとっては、舎人系皇親の結集こそは、もっとも憎むべき敵対行動と認識されたであろう。一方、舎人系皇親としては、孝謙の死を待っていささえすれば、おのずと皇位がめぐってくるはずであったが、焦りに任せた押勝の動きに巻き込まれてしまったことになる。

この時期、抗争の渦中に身を置くことを恐れた御史大夫文室浄三が、致仕《ちじ》を乞うて許された（天平宝字八年九月戊戌条）。努めて闘争から自己を遠ざけようとする皇親の行動パターンの一類型である。

次に、舎人親王長子の御原王の子である和気王（淳仁天皇や船・池田両親王の甥にあたる）も、押勝が兵備を整えていることを、孝謙に密奏した（天平神護元年八月庚申朔条）。

密告によって累が叔父たちに及ぶことは承知のうえでの、皇親としての保身と、舎人系内部における嫡流意識によるものであろう。

決定的な密告は、陰陽師《おんみようじ》大津大浦《おおつのおおうら》によるものであった。押勝に依頼された占いの内容が「逆謀《ぎやくむ》に渉《わた》る」ことを知り、「禍の己《おのれ》に及」ぶことを恐れて、密告に及んだのであった(宝亀六年五月己酉《十七》条)。ここに至り、孝謙側は、押勝の計画が謀反《むへん》にあたることを知ることになったのである。

## 恵美押勝の乱

先手を取ったのは、孝謙上皇側であった。九月十一日、孝謙は少納言山《やま》村《むら》王を遣わして、中宮院の淳仁の在所にあった鈴印を回収しようとしたのである。皇権のシンボルをまず奪取しようとした孝謙の思いは、彼女が即位以来一六年間、ほとんど天皇大権を手中にすることがなかっただけに、容易に察することができる。ここに見える山村王は、用明《ようめい》天皇の王子である久米《くめ》王の子孫。当時としては珍しい、天武朝諸王の末裔《まつえい》であるが、以後、一貫して孝謙(称徳《しようとく》)を支えていくこととなる。

その後の孝謙側の授刀衛と押勝側の鎮国衛《ちんこくえ》(中衛府)との鈴印争奪戦に始まる、いわゆる「恵美押勝の乱」そのものの経緯については詳しくは触れず、本書の主題である皇親に関わる部分のみを述べるにとどめる。なお、角田文衞《つのだぶんえい》氏が乱の経緯と地名比定に関する興味深い推定をされているので（角田文衞「恵美押勝の乱」、『角田文衞著作集　第三巻　律令国家の展開』所収、法蔵館。初出は一九六一年）、そちらを参照されたい。

この戦乱は、臣下が王権に対して組織的な軍事力を直接行使した、奈良時代における唯一の事例であるという点において、国家史的な視点からさらに深い考察がなされるべきであるが、今はこの戦乱におけるもっとも重要な戦略的局面を指摘するにとどめたい。

それは、押勝（十一日以降は、恵美仲麻呂とされた）が十一日夜に近江に脱出した際に、淳仁天皇を同行させることができなかったということである。淳仁は、孝謙側の授刀衛兵にでも軟禁《なんきん》されていたのか、それとも仲麻呂に見捨てられたのか、知る由もないが、突然の開戦に動揺した仲麻呂が、淳仁の身柄を確保し得ないまま、近江に走ってしまったと考えるのが妥当であろう。これでは、いくら太政官印や鎮国衛の兵の一部を擁していたとしても、臣下の皇権に対する謀反としか見做《みな》され得ない。文書行政の象徴である鈴印の奪還に執着するあまり、彼の専権の根源であるはずの生身《なまみ》の天皇（それは生きる神器《レガリア》であった）の価値を等閑視《とうかんし》してしまったことになる。本格的な戦闘が始まる以前に、すでに勝敗は決していたとしか言いようがない。

ともあれ、「玉《ぎょく》」を抛擲《ほうてき》したまま自己の軍事拠点に走った仲麻呂は、吉備真備の水際立った作戦指導の結果、十八日、近江国高嶋《たかしま》郡三尾《みお》郷勝野鬼江《かちののおにえ》の頭《ほとり》において、妻子従党三四人とともに、斬殺されてしまったのである。

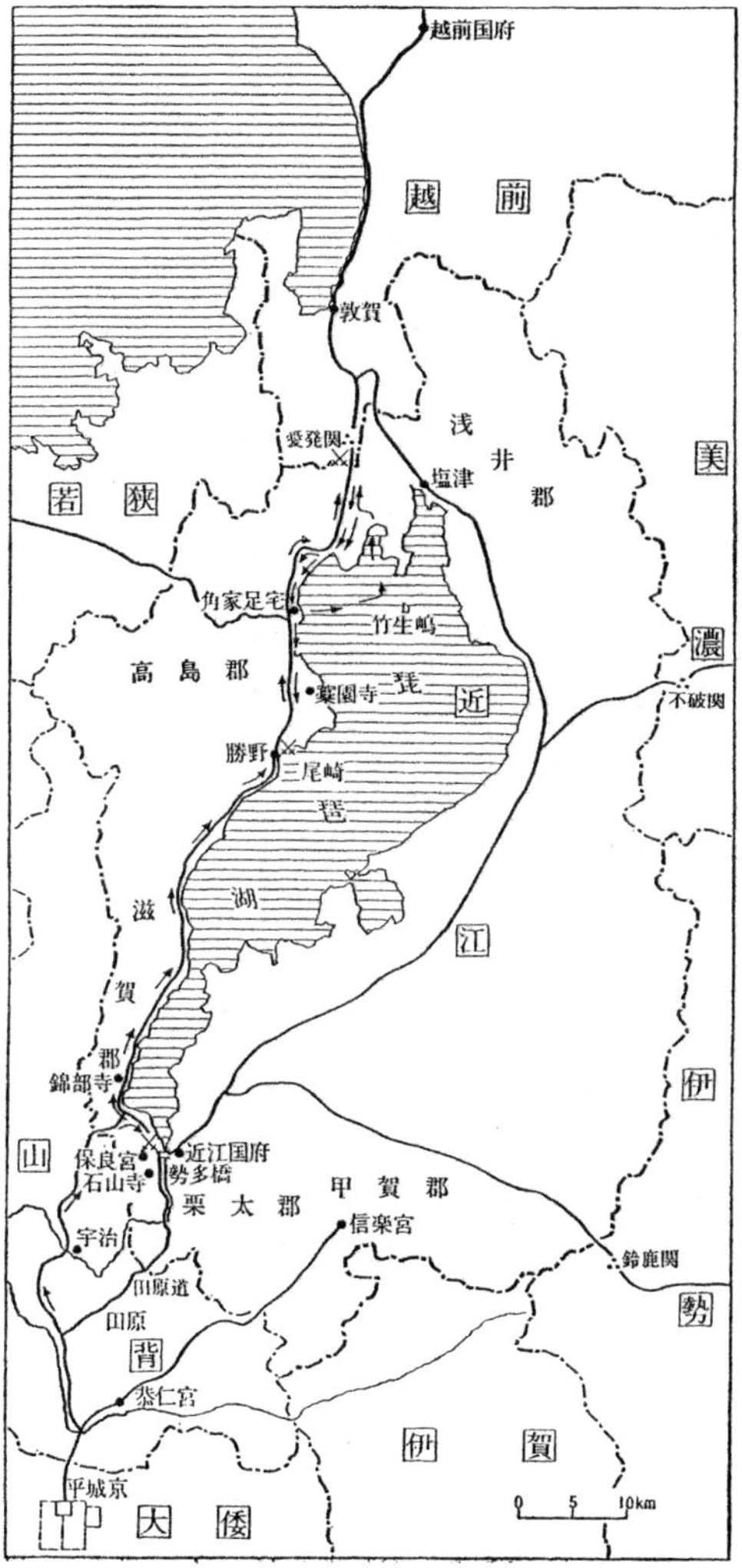


図7　押勝の乱戦闘要図（岸俊男『藤原仲麻呂』より）

図８　増長天像邪鬼（西大寺蔵）

天平宝字八年、孝謙天皇の発願によって西大寺の造営が開始されたが、それは四天王像の鋳造で始まった。四天王に踏みつけられている邪鬼は造営当初のものであるが、いったい何を具象化したものであろうか。

その間の過程において、皇親に関する、非常に興味深い措置が執られた。天平宝字八年九月壬子《十八》条は、次のような事実を語っている（十五日のことか）。

## 今帝の擁立と「恵美系皇親」

伊多智《いたち》ら馳《は》せて越前国に到りて、守辛加知を斬る。押勝知らずして、偽りて塩焼を立てて今帝《きんてい》とし、真先・朝獦らを皆三品とす。余《ほか》は各 差《おのおのしな》有り。

第一に、帯同していた氷上塩焼を天皇に「偽立」したということ、第二に、自分の子である真先・朝獦を親王品位である三品に叙したというのである。これはともに、日本古代史において、画期的な出来事であったと言えよう。

おおよそ日本古代史において、臣下が自己の擁する皇親を、（皇嗣ではなく）天皇そのものに立てるということは、この時以外にはなかったはずである。仲麻呂は、その最後期において、日本国家史上画期的な行動を取ったことになる。天平宝字八年九月甲寅《廿》条には、

復 皇 位《またみかどのくらい》を掠《かそ》ひて、先に捨てきらひ賜ひてし道祖《ふなど》が兄塩焼を「皇位には定めつ」と云ひて官 印《つかさのおして》を押して天下《あめのした》の諸国《くにぐに》に書《ふみ》を散《あか》ちて告げ知らしめ、復云はく、「今の勅《おおみこと》を承《う》け用ゐよ、先に詐《いつわ》りて勅と称ひて在《い》る事を承け用ゐること得ざれ」と云ひて、諸人《もろひと》の心を惑《まと》乱はし、三つの関に使を遣《や》りて窃《ひそか》に関を閇《と》ぢ、一つ二つの国に軍 丁《いくさよほろ》を乞ひ

兵《いくさおこ》発さしむ。

と見える。その効力はともかく、「今帝」は、叙位や固関《こげん》、徴兵を行なうなど、天皇大権を行使し、それに「惑乱」された「諸人」も存在したのである。

仲麻呂は、淳仁を帯同し得ないまま近江に走るに際して、取りあえず手許にあった元皇親の塩焼を連行したのであろう。また、塩焼にしてみれば、平城《へいぜい》京に留まって危機に曝されている舎人系皇親を除けば、自分がもっとも皇位に近い存在であるとの自覚から、仲麻呂と組んで乾坤一擲《けんこんいってき》の大勝負に打って出たといったところか。なお、薗田氏は、女《むすめ》の東《あずま》子《こ》か額《ひたい》を介した仲麻呂と塩焼との姻戚関係を想定されている（薗田香融「恵美家子女伝考」、前掲）。

また、真先・朝獦を三品に叙したことは、仲麻呂がみずからの子息を親王として扱ったことになる。ただしこれは、薗田氏の言われるような、注目すべき王朝の簒奪《さんだつ》を意味するものではなかろう。塩焼王が仲麻呂の女婿だったと想定すれば、仲麻呂が真先・朝獦を塩焼王の兄弟として扱ったことになる。以前に淳仁と自己の子息を擬制《ぎせい》的な兄弟関係になぞらえた発想と、軌を一にするものと考えるべきであり、仲麻呂の准皇親化政策が、ここに極まったものと言えよう。ただし、親王品位を帯するとなると、皇族ということになり

（即位の可能性が出てくることになる）、その意義は過小に評価されるべきではない。

しかしながら、彼らに残された時間は、ほとんどなかった。創出したばかりの新たな「恵美系皇親」の行く末を案ずるいとまもなく、三日後には全員湖上の露と消えてしまったのである。

## 乱の結末と皇親

先にも述べたように、この乱は臣下が王権に対して武力で対抗したという、画期的な意義を持つものであった。しかし、その結末は、いかに独裁的な権力を掌中《しょうちゅう》に収めた専権貴族といっても、その野望は、王権の意思の前には容易に崩れ去るものであることを示してしまった。また、いみじくも笹山晴生氏が述べられたように、貴族層は蹶起《けっき》して押勝の専制を倒したが、その後にあらわれたのは、またしても道鏡と結合した称徳女帝の専制政治であった（笹山晴生「奈良朝政治の推移」、前掲）。

一方、皇親に視点を絞ると、この乱によって新田部親王系二世王が壊滅してしまい、多数を擁した舎人親王系皇親も、その運命は風前の灯となってしまった。ただし、塩焼王の子・志計志麻呂《しけしまろ》は、不破内親王の所生によって赦されている（神護景雲三年五月壬辰《廿五》条）。また、川継《かわつぐ》も、幼少により罪を免れたものと思われる。この母と遺児を赦したことは、王権にとって将来に新たな事変の芽を残したことになった。

なお、この乱において押勝側に立った皇親（および元皇親）としては、船・池田両親王とその子、塩焼王、仲石伴が知られるが、乱のために位階を剝奪された官人のなかには、大原今城《いまき》、大原宿奈麻呂、当麻高庭《たいまのたかにわ》、多治比木人《たじひのきひと》など、皇親氏族の者が見える。大原氏は敏達《びたつ》王子百済《くだら》王の後裔、当麻氏は用明王子麻呂子《まろこ》王の後裔、多治比氏は宣化《せんか》王子上殖葉《かみつうえは》王の後裔。いずれも天武朝に活動した皇親の子孫である。

一方、孝謙側に立った皇親としては、乱を密告した和気王をはじめ、白壁王、山村王、荻田《おぎた》王、それに淡海三船《おうみのみふね》などが知られる。このうち、白壁王と淡海三船は、天智系皇親である。特に白壁王は、聖武《しょうむ》皇女の井上内親王を妻としていることからも（すでに二人の間には他戸王が誕生している）、いかに本人が「深く横禍《こうか》の時を顧みて、或は酒を縦《ほしきまま》にして迹《あと》を晦《かく》」そうとしたとしても（光仁《こうにん》天皇即位前紀）、そろそろ支配者層の間にその存在がクローズアップされてきたはずである。

# 淳仁天皇の廃位

## 新体制の発足

仲麻呂《なかまろ》が斬殺された二日後の天平宝字八年（七六四）九月二十日、孝謙《こうけん》太上天皇は道鏡《どうきよう》に大臣禅師《だいじんぜんし》の位を授けた。すでに乱の最中、右大臣藤《ふじ》原豊成《わらのとよなり》、大納言藤原永手《ながて》、中納言白壁王《しらかべ》・藤原真楯《またて》、参議山村王《やまむら》・和気王《わけ》・吉備真備《きびのまきび》・藤原縄麻呂《ただまろ》・粟田道麻呂《あわたのみちまろ》・弓削御浄浄人《ゆげのみきよのきよひと》による新政権を発足させていたが（『公卿補任』天平宝字八年）、ここに至って新政権の中心がどこにあるのかがはっきりしたことになる。

「帝《みかど》の出家《いえで》しています世には、出家して在る大臣も在るべし」（天平宝字八年九月甲寅《廿》条）という論理が、今後の政治の流れを予感させるものであった。

## 淳仁天皇の廃位

すでに皇権を発揮し始めた孝謙は、次に淳仁《じゅんにん》天皇の処置に着手した。仲麻呂との擬制《ぎせい》的親子関係によって皇位を保っていた淳仁であってみれば、その滅亡と命運を共にするのは、誰の目にも明らかであった。律令天皇制とはいったい何だったのだろうかと思わせる事件である。天平宝字八年十月壬申条[九]には、

高野《たかの》天皇、兵部卿和気王・左兵衛督《さひょうえのかみ》山村王・外衛大将《げえのだいしょう》百済王敬福《くだらのこにきしきょうふく》らを遣して、兵《いくさ》数百を率ゐて中宮院を囲ましむ。時に帝遽《にわか》にして衣履《えり》に及ばず。使者これを促《うなが》す。数輩《すはい》の侍衛奔散《じえほんさん》して、人の従ふべきもの無し。僅《わずか》に母家《ぼか》三両人と、歩みて図書寮の西北《いぬい》の地《ところ》に到りたまふ。山村王詔《みことのり》を宣《の》りて曰はく、「挂《か》けまくも畏《かしこ》き朕《わ》が天《あめ》の先帝《さきのみかど》の御命《おおみこと》以て朕に勅《の》りたまひしく、『天下《あめのした》は朕が子いましに授け給ふ。事をし云はば、王《おおきみ》を奴《やっこ》と成《な》すとも、奴を王と云ふとも、汝《いまし》の為《せ》むまにまに。仮令《たとい》後に帝と立ちて在る人い、立ちの後に汝のために无礼《いやなく》して従はず、なめく在らむ人をば帝の位《くらい》に置くことは得ずあれ。また君臣《きみおみ》の理《ことわり》に従ひて、貞《ただ》しく浄《きよ》き心を以て助け奉侍《つかえまつ》らむし帝と在ることは得む』と勅りたまひき。かく在る御命を朕また一二《ひとりふたり》の豎子《わらわども》等と侍りて聞きたまへて在り。然《しか》るに今の帝として侍る人を此の年ごろ見るに其の位にも堪《あ》へず。是のみに在らず。今聞くに、仲麻呂と心を同じくして窃《ひそか》に朕を掃《はら》はむと謀《はか》りけり。また

窃に六千《むちぢ》の兵を発《おこ》しととのひ、また七人のみして関に入れむとも謀りけり。精兵《ときいくさ》をして押ししひて壊《やぶ》り乱りて、罰《う》ち滅さむと云ひけり。故《かれ》、是を以て、帝の位をば退《しりぞ》け賜ひて、親王《みこ》の位賜ひて淡路《あわじ》国の公《きみ》と退け賜ふと勅りたまふ御命を聞きたまへと宣《の》る」とのたまふ。事畢《おわ》りて、公とその母《いろは》とを将《ひき》ゐて小子門《ちいさこべ》に到り、道路《みち》の鞍馬《くらうま》を処《とど》めて騎《の》せしむ。右兵衛督藤原朝臣蔵下麻呂《くらじまろ》、配所に衛《まも》り送りて一院《いちいん》に幽《こ》む。勅して曰はく、「淡路国を大炊《おおい》親王に賜ふ。国内《くにのうち》に有《たも》てる官物調庸《かんもちぢようよう》等の類《たぐい》はその用ゐる所に任す。但し出挙《すいこ》の官稲は一《もは》ら常の例《ためし》に依れ」とのたまふ。

とある。和気王らの率いる兵に内裏を囲まれ、身支度も整わず、護衛の者も四散してしまった淳仁に対して、聖武《しょうむ》の遺詔（と称するもの）が宣せられた。天下を汝（孝謙）に授けた以上、王を奴としようとも、奴を王と言うとも、思いどおりにせよ、たとえ汝の後に皇位に就いても、汝に無礼であるような者を皇位に置いてはいけない、というのである。

しかし、以前にも述べたが、自分が退位しても孝謙に天皇大権を委譲《いじょう》しなかった聖武が、このとおりに孝謙に命じたとは、とても思えない。この時点における孝謙の論理（と激した感情）を吐露《とろ》しているに過ぎないと思われるのである。

その後に語られている六千人の挙兵計画や七人による東国脱出計画、それに精兵による孝謙討滅計画などは、おおよそ信じるには足るまい。要するに、淳仁を皇位から追い落として淡路に幽閉したい、という孝謙の心情で一貫しているのである。

在位中の天皇が、「親王の位を賜」わり、封国を与えられてそこに流される、という事態は、空前絶後のことであった。これ以降の混乱を極めた政局の序曲であろう。

## 舎人系皇親の配流

孝謙の追及は、すぐに淳仁の兄弟にまで及んだ。同じ日、次のような詔を下したのである（天平宝字八年十月壬申《九》条）。

また詔して曰はく、「船《ふね》親王は九月五日に仲麻呂と二人謀《はか》りけらく、書《ふみ》作りて朝庭《みかど》の咎計《とがかぞ》へて進《たてまつ》らむと謀りけり。また仲麻呂が家の物計ふるに書の中に仲麻呂と通《かよ》はしける謀《はかりごと》の文《ふみ》有り。是を以て、親王の名は下して諸王《おおきみ》と成して隠岐《おき》国に流し賜ふ。また池田《いけだ》親王は此の夏馬多く集《つど》へて事謀《はか》ると聞しめしき。如是《かく》在る事あまたたび奏《もう》せり。是を以て、親王の名は下し賜ひて諸王として土左《とさ》国に流し賜ふと詔《の》りたまふ大命《おおみこと》を聞きたまへと宣《の》る」とのたまふ。

この二人の行動計画、特に船親王のものは具体的である。押勝（そして光明《こうみょう》皇太后）が淳仁の後背勢力として期待したのは、この舎人《とねり》系皇統だったのであろう。

さらには、飛鳥田《あすかた》内親王も无位《むい》の女王に貶《おと》され（宝亀四年三月己丑《十四》条）、守部《もりべ》王・御原《みはら》王・船親王（いずれも淳仁の兄弟）の子孫が、三長《みなが》真人の姓を賜わって丹後《たんご》国に、三嶋《みしま》王の女《むすめ》が伊豆《いず》国に、それぞれ配流されている（宝亀二年七月乙未《十一》条）。舎人系皇親の命運を具体的にたどられた柳宏吉《やなぎひろよし》氏によれば、舎人親王家四十六名中、当時健在であったらしい者は三十名で、その中の二十九名までが道鏡政府の下に処断されたらしいということである（柳宏吉「舎人親王家の隆替」、『熊本史学』第六号掲載、一九五三年）。後に、

　廃帝黜《しりぞ》けられしより、宗室の重望《ちょうぼう》有る者《ひと》、多く非辜《ひこ》に羅《かか》る。日嗣《ひつぎ》の位遂に絶えなむとす。

と称されたのは（宝亀二年二月己酉《廿二》条）、この頃から後のことであった。そのなかで、同じ舎人系皇親である和気王が、積極的に孝謙の意を承けて動き、栄達を果たしていることに、注目すべきであろう。

　これらの処置は、明らかに舎人系皇統の断絶を企図したものであり、「道鏡政府」と言うより、孝謙の政治的意図によるものと見做すべきであろう。草壁《くさかべ》（天武《てんむ》―持統《じとう》）皇統を過剰に意識する孝謙は、対立する押勝によって創出された舎人系皇統を根絶やしにすることによって、自己の権力基盤を強化しようとしたのである。しかしながら、少し冷静に考

えれば明らかなように、孝謙は自分で自分の首を絞めたことになる。行き着くところは、道鏡との二人三脚による、止めようのない混乱しか、もはや残されていないのであった。

孝謙は五日後、次のような詔を発した（天平宝字八年十月丁丑《十四》条）。

詔して曰はく、「諸《もろもろ》奉侍《つかえまつ》る上中下《かみなかしも》の人等の念《おも》へらまく、『国の鎮《しずめ》とは皇太子《ひつぎのみこ》を置き定めてし心も安くおだひに在り』と、常人《つねひと》の念ひ云へる所《こと》に在り。然るに今の間此の太子《ひつぎのみこ》を定め賜はず在る故《ゆえ》は、人の能《よ》けむと念ひて定むるも必ず能くしも在らず。天《あめ》の授けぬを得て在る人は、受けても全《また》く坐《いま》す物にも在らず、後に壊《やぶ》れぬ。故《かれ》、是を以て念へば、人の授くるに依りても得ず、力を以て競《あらそ》ふべき物にも在らず。猶天のゆるして授くべき人は在らむと念ひて定め賜はぬにこそあれ。此の天つ日継《ひつぎ》の位を朕《われ》一り貪《むさぼ》りて後の継《つぎ》を定めじとには在らず。今しきの間は念ひ見定めむに天の授け賜はむところは漸漸《やくやく》に現れなむと念ひてなも定め賜はぬと勅《の》りたまふ御命を、諸聞きたまへと勅る。……」とのたまふ。

天命を得ずに皇位に上っても結局滅びてしまった淳仁の例に鑑《かんが》みて、皇太子を定めぬ由を宣言したのである。これは事実上、孝謙の重祚《ちょうそ》宣言であると見られており、以後は称徳《しょうとく》（高野）天皇として、はじめて天皇大権を単独で獲得し（天皇が単独で王権を担うのは、きわめて異例の事態であった）、いよいよその専恣《せんし》を発現していくことになる。

# 和気王の謀反

## 皇太子未定の影響

先に示した重祚《ちょうそ》宣言宣命の第二段で、称徳《しょうとく》は「人人己《おの》がひきひき此の人を立てて我が功《いさお》と成さむと念ひて君の位を謀り、窃《ひそか》に心を通はして人をいざなひすすむこと」を禁止している（天平宝字八年十月丁丑条〈十四〉）。皇太子を定めぬままに即位することにしたものの、当然ながら称徳自身からは皇嗣が生じるはずもなく、天武《てんむ》系皇親も底を突いてしまったという事態に際して、王権（と言っても、天皇一人によって構成されていたのであるが）も、貴族たちも、皇親自身も、対応の仕方がわからなくなっている状態であったことが窺える。

ついで天平神護元年と改元された翌年（七六五）二月、淡路《あわじ》に幽閉されている廃帝《はいてい》（淳《じゅん》仁《にん》）をめぐる不穏な動きに対する勅が発せられている（天平神護元年二月乙亥《十四》条）。

淡路国守従五位下佐伯《さえき》宿禰助《たすく》に勅したまはく、「風《ほのか》に聞かく、『彼《か》の国に配流せる罪《つみ》人《ひと》、稍《やや》く逃亡《とうぼう》を致せり』ときく。事、如《も》し実《まこと》有らば、何を以てか奏せぬ。汝《なんじ》、朕が心に簡《えら》ひて、往《ゆ》きて彼《かしこ》の事の動静《さま》を監《み》て、必ず早《すみやか》に奏すべし。また聞かく、『諸人等《もろひとども》、詐《いつわ》りて商人《あきひと》と称《なの》りて、多く彼の部《ぶ》に向ふ。国司察《し》らずして、遂に群《むれ》を成す』ときく。今より以後《のち》、一切《いちさい》に禁断《きんだん》せよ」とのたまふ。

これが事実ならば、淡路廃帝が逃亡を企てており、また廃帝に心を寄せる官人が商人と偽って淡路に赴いていることになる。称徳は淡路守佐伯助に対して、「朕が心に簡ひて」監視せよと命じているが、直木孝次郎《なおきこうじろう》氏は、これは「朕の不安を消すために、非常の手段を取れ」という意味を寓《ぐう》していると解された（直木孝次郎「淡路廃帝淳仁の死について」、『飛鳥奈良時代の考察』所収、高科書店。初出は一九八七年）。

次いで三月にも、王臣（皇親・貴族層の双方）に対して皇嗣擁立の策動《さくどう》を戒め、廃帝の復位運動に対して、それを禁止する詔を発している（天平神護元年三月丙申《五》条）。

これらの動きは、次の皇嗣を定めがたいという閉塞《へいそく》状況において、何の咎《とが》もないまま淡路に流された廃帝が、取りあえずはもっとも皇嗣に近い存在であるという短絡的な勢力が、少なからず存在したことを示している。

**和気王の謀反**

そのような状況のなか、廃帝と同じく舎人《とねり》系皇親でありながら、淳仁の廃位に積極的に加担し、三月に功田五〇町を賜わったばかりの和気王《わけ》が、謀《む》反《へん》を企てるという事件が起こった。天平神護元年八月庚申朔条には、

従三位和気王、謀反に坐《つみ》せられて乃《すなわ》ち誅《ちゅう》せらる。詔《みことのり》して曰《のたま》はく、「今和気に勅《の》りたまはく、先に奈良麻呂《ならまろ》らが謀反の事起りて在りし時には、仲麻呂《なかまろ》い忠臣《ただしきおみ》として侍りつ。然るに後に逆心《さかしまにあるこころ》を以て朝庭《みかど》を動かし傾《かたぶ》けむとて兵《いくさ》を備ふる時に和気い申して在り。此に依りて官位《つかさくらい》を昇《あ》げ賜ひ治め賜ひつ。かくはあれども仲麻呂も和気も後には猶逆心を以て在りけり。復己《またおの》が先霊《おやのみたま》に祈り願へる書《ふみ》を見るに云ひて在らく、『己が心に念《おも》ひ求むる事をし成《な》し給ひてば、尊《とうと》き霊の子孫《うみのこ》の遠く流して在るをば京都《みやこ》に召し上げて臣《おみ》と成さむ』と云へり。復『己が怨男女《あたおとこおみな》二人在り。此を殺し賜へ』と云ひて在り。是の書を見るに謀反の心在りとは明らかに見つ。是を以て法《のり》のままに治め賜ふと宣《の》る」とのたまふ。和気は、一品舎人親王の孫《うまご》、正三位御原《みはら》王の子なり。勝宝七歳、姓を岡《おか》真人と賜ふ。因幡《いなば》掾に任す。宝字二年、舎人親王を追ひ尊びて、崇道尽敬皇帝《すうどうじんきょうこうてい》と曰《もう》す。是に至りて、属籍《ぞくじゃく》を復し、従四位下を授く。八年、参議従三位兵部卿に至

る。時に皇統嗣《こうとうつぎ》無くして、その人有らず。而《しか》して紀《き》朝臣益女《ますめ》、巫鬼《ふき》を以て著《あらわ》れて、和気に幸《こう》せらるることを得たり。心に窺窬《きゆ》を挟《はさ》みて厚く幣物《へいもつ》を賂《まいな》ふ。参議従四位下近衛《このえの》員外中将《いんげのちゆうじよう》兼勅旨《ちよくし》員外大輔式部大輔因幡守粟田《あわた》朝臣道麻呂《みちまろ》、兵部大輔兼美作《みまさか》守従四位上大津《おおつ》宿禰大浦《おおうら》、式部員外少輔従五位下石川《いしかわ》朝臣永年《ながとし》等、和気と善《よ》くして数《しばしば》その宅《いえ》に飲む。道麻呂、時に和気と密語《ひそかこと》す。而して道麻呂が佩《は》ける刀《たち》、門《かど》の屏《へい》に触れて折れき。和気、即ち遺《おく》るに装刀《かざりのたち》を以てしき。是に、人士《ひとびと》、心に疑ひて、頗《すこぶ》るその事を泄《もら》せり。和気これを知りて、その夜、逃げ竄《かく》れり。率川社《いさかわのやしろ》の中に索《もと》め獲《え》て、伊豆《いず》国に流す。山背《やましろ》国相楽《さがらか》郡に到りて、これを絞《くび》りて狛野《こまの》に埋《うず》めり。……

と見える。謀反に問われた容疑は、「己が先霊に祈り願へる書」すなわち祖父である舎人親王や父の御原王の霊への「祈願書」（長屋《ながや》王の例を想起させるが、本当に存在したのかどうかは不明である）のなかに、自分の心に願っていることが成就したならば、配流されている舎人の子孫たちを召還して官人社会に復帰させようということと、自分の仇敵である「男女二人」を殺していただきたいということが記されていたことによる。

　このうち、「己が心に念ひ求むる事」が、はたして自分自身が皇位に就くことを指すものかどうかは、はっきりしない。親族の免罪《めんざい》を願う程度のことならば、謀反にあたるとは考えられない（称徳としては、舎人系皇親の復権は許すことはできなかったであろうが）。むしろ、後半の「男女二人」（言うまでもなく、道鏡《どうきょう》と称徳である）の死去を祈願した部分が、謀反とされたのであろう。

和気王は、噂が立っただけのことで率川社（粟田氏の本宗家である春日《かすが》氏の地盤）に逃げ込んだところを捕らえられ、伊豆に流される途中、山背国相楽郡で絞殺された。同じく紀益女も、綴喜《つづき》郡松井《まつい》村で絞殺された。また、和気王の子女五人は、この時に皇親籍を除かれた（宝亀二年九月丙申条）。粟田道麻呂は飛驒《ひだ》員外介とされたが、道麻呂を恨む上道斐太都《かみつみちのひだつ》が守となって赴任し、道麻呂夫婦を一院に幽閉し、死に至らしめた。大津大浦は日向《ひゅうが》員外介とされたが、後に復活する。石川永年は隠岐《おき》員外介とされ、数年後に自縊《じい》して死んだ。

## 事件の性格

和気王は、この詔に語られているように、舎人親王の孫で、御原王の子である。いったんは岡真人を賜わって臣籍に降下したが、淳仁の兄弟が親王とされた際に、二世王として皇籍に復帰した。参議従三位兵部卿にまで上り、押勝《おしかつ》の謀反を密告し、淳仁の廃位に際してその在所を囲むなど、称徳に「功績」を積んでいた。舎人系皇親で唯一人の生き残りであった和気王には、天武系皇親でただ一人の議政官であるという地位に加えて、もともと舎人系皇親の嫡流であったという正統意識が存在したのであろう。淳仁の廃位に同情する反体制派からは、和気王に期待が集まったであろうし、和気王自身も周囲に陰陽関係者を近付けて、皇位に意欲を持つに至ったものと思われる。

この時、和気王に連座した者としては、紀益女・粟田道麻呂・大津大浦・石川永年が挙げられている。益女は、直接称徳や道鏡の呪詛《じゅそ》を指揮したのであろう。押勝の乱に際して功績があったらしく、正月の論功行賞で勲三等を授けられている。角田文衞《つのだぶんえい》氏は、陰陽頭《おんみょうのかみ》紀益人《ますひと》（元紀《き》寺の奴）の姉妹であると推測された（角田文衞「紀寺の奴─奈良時代における私奴婢の解放問題─」、『角田文衞著作集　第三巻　律令国家の展開』所収、法蔵館。初出は一九五五年）。道麻呂は、授刀大尉として押勝の乱の鎮圧に功績を挙げ、正月に勲三等を授けられた。淳仁の妻は粟田諸姉《もろね》であり、その線から舎人系皇親に結び付いたのであろう。大浦は、陰陽師。押勝の乱を密告し、淳仁の廃位にも従った。三月に和気王とともに功田一五町を賜わったばかりである。これも呪詛にあたったのであろう。永年も、仲麻呂追討の功によって加階された。式部少輔として、大輔の道麻呂と結び付いたものか。

これら、本来は称徳─道鏡政権の成立に功績のあった人々であってもなお、容赦なく切り捨てた背景としては、草壁《くさかべ》系皇統と舎人系皇統（ともに死語になりかけているが）との対立が考えられる。親族を罪に陥《おとしい》れてまで自分に忠誠を誓った者であっても、舎人系皇親を見逃しておく称徳ではなかったのである。和気王とその子女を断罪すれば、もはや天武系皇親はまったく絶えてしまい、自己の存在を脅かす存在はいなくなるという称徳の執念が、このような過酷な処置となったものと思われる。ただし、天武系皇親がいなくなった後の皇位継承プランについて、称徳がどれほど考えていたかは、疑問である。

また、この事件が武力の行使による政権の奪取ではなく、陰陽による呪詛を企てたものであったことは、これ以降の奈良朝末期の政治事件の特色を先取りしたものである（押勝の計画があれほど見事に壊滅した後では、致し方ないが）。彌永貞三《いやながていぞう》氏が述べられたように、陰鬱《いんうつ》な呪術的空気につつまれた陰謀の支配する時期が到来したのであった（彌永貞三「万葉時代の貴族」、『日本古代の政治と史料』所収、高科書店。初出は一九五四年）。

なお、詔の冒頭に語られている、仲麻呂も和気王も「先の忠臣が後には逆心を持つ」という図式は、この時期の政変の本質を衝《つ》いた言葉として、興味深い。

**淡路廃帝の死**

九月、紀伊《きい》国への行幸が計画され、十月、異例の三関固守が行なわれたうえで、行幸の列が発した。草壁皇子の檀《まゆみのみささぎ》山陵を拝するというパフォーマンスを経て、十八日、玉津《たまつ》嶋に到った。

大炊《おおい》親王となった淡路廃帝が死去したのは、この時のことであった。天平神護元年十月

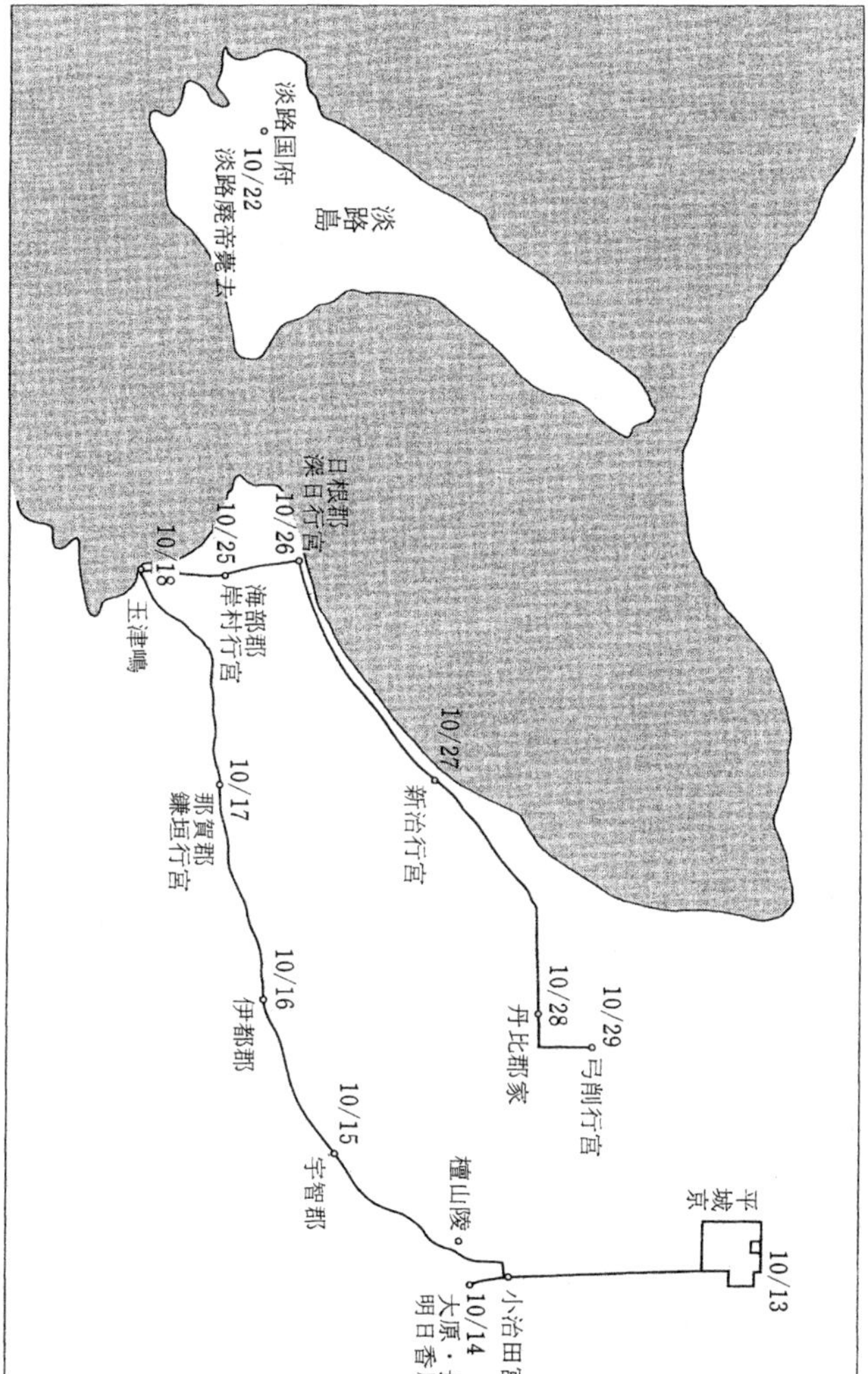


図9　称徳天皇紀伊・河内行幸と淡路廃帝関係図

廿二庚辰条には、次のように記されている。

淡路公《あわじのきみ》、幽憤《ゆうふん》に勝《た》へず、垣《かき》を踰《こ》えて逃ぐ。守佐伯宿禰助、掾高屋連並木《たかやなみき》ら兵《いくさ》を率ゐてこれを邀《さきぎ》る。公還《かえ》りて明くる日に院中《いんちゅう》に薨しぬ。

その死が自殺によるものか、いわゆる憤死《ふんし》というものなのか、はたまた直木氏の説かれるように、称徳の意を承けた佐伯助によって暗殺されたものなのか（直木孝次郎「淡路廃帝淳仁の死について」、前掲）は、知る由もないが、淡路の対岸である紀伊への武威《ぶい》を張っての行幸が、廃帝に精神的圧迫を加え、その死に強い影響を与えたことは、間違いあるまい（笹山晴生《ささやまはるお》「奈良朝政治の推移」、前掲）。

ともあれ、淡路廃帝の死によって、反体制派の結集核となる要因は除去され、舎人系皇親は壊滅した。称徳自身によって、「宗室《そうしつ》の中」で「尤も長」たる存在であると宣せられてから、わずか八年後のことであった。

その後、称徳は、道鏡の出身地である河内《かわち》国弓削《ゆげ》行宮に到り、閏十月の帰京後に、道鏡を太政大臣禅師《だいじょうだいじんぜんし》に任じた。専制的相貌《そうぼう》を露《あら》わにした称徳の下、政局はいっそうの混迷を始めた。臣籍に降下した皇親氏族の者を除けば、天武系の皇親がまったく存在しない状況のまま、政変劇のみが繰り返されることになったのである。

# 奈良朝末期の政変と皇親

# 不破内親王巫蠱事件

## 称徳—道鏡政権下の皇親

天平神護二年（七六六）十月に、舎利の「出現」を契機として、道鏡《どうきよう》を天皇に準じる法王《ほうおう》という地位に上らせた称徳《しようとく》であったが、皇嗣の問題は、相変わらず懸案《けんあん》として彼らの上にのしかかっていた。この年四月には、聖武《しようむ》の皇子と称する男が現われるなど（天平神護二年四月甲寅《廿九》条）、皇嗣選定を未解決のままにしておくことに対する不満は、徐々に高まってきているのである。

この時期の皇親を概観してみよう。本節で問題とする事件が起こった神護景雲三年（七六九）時点の天武《てんむ》系皇親は、以下のとおりである（系図7参照）。

高市《たけち》皇子系　子は全員薨去、孫は臣籍降下（豊野《とよの》真人・美和《みわ》真人）

系図7（神護景雲三年時点）

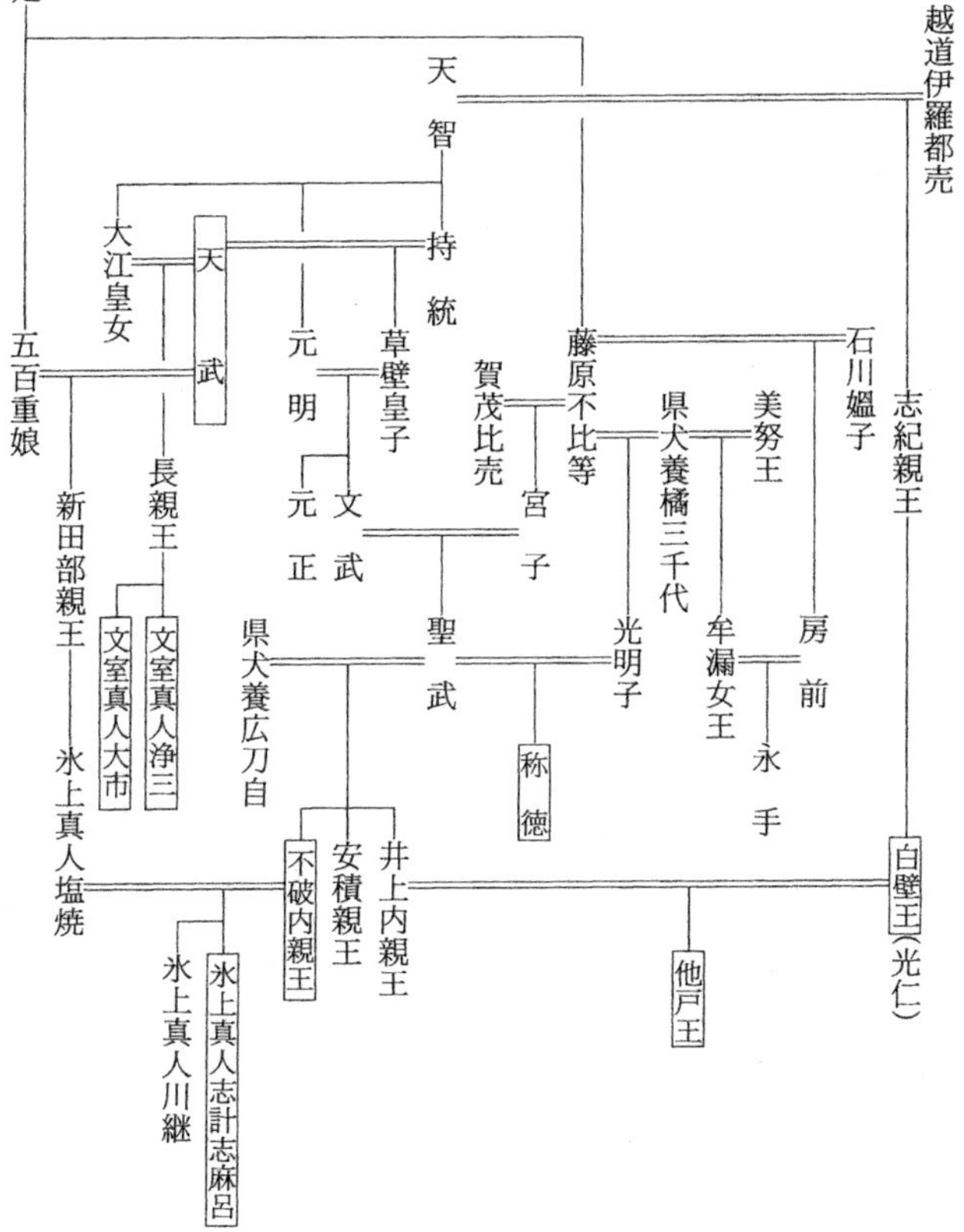

草壁《くさかべ》皇子系　曾孫の阿倍《あべ》内親王が天皇（五二歳）、
井上《いのうえ》内親王が二品（白壁《しらかべ》王の妻、他戸《おさべ》王の母、五三歳）、
不破《ふわ》内親王が四品（塩焼《しおやき》王の妻、氷上《ひかみ》真人志計志麻呂《しけしまろ》・川継《かわつぐ》の母）

長《なが》親王系　子の文室《ふんや》真人智努《ちぬ》（浄三《きよみ》）は致仕《ちじ》、文室真人大市《おおち》（邑珍）は従三位参議

新田部《にいたべ》親王系　子は全員薨去、孫は氷上真人志計志麻呂・川継があり

前節でも触れたが、男系での天武系皇親は、すでに絶滅している。県犬養広刀自《あがたのいぬかいのひろとじ》所生の井上・不破内親王のみが、残された天武系皇親ということになるが、井上内親王と大納言白壁王（天智《てんじ》の孫、志紀《しき》親王の第六子）との間に生まれていた他戸王の存在が、支配者層の間でクローズアップされてきたであろうことは、想像に難くない。多少なりとも天武の血を引いている男子の皇親は、もはや他にはいないのである。

### 宇佐八幡神託事件

神護景雲三年正月、大臣以下は道鏡を賀拝《がはい》し、次いで称徳は法王宮で宴を賜わった。五位以上に禄を与えたのは、道鏡であった。

その年の五月頃のことであろう。大宰主神《かんつかさ》の中臣習宜阿曾麻呂《なかとみのすげのあそまろ》が、宇佐《うさ》八幡神の教えと称して、「道鏡をして皇位に即《つ》かしめば、天下太平ならむ」という神託《しんたく》をもたらした（神護景雲三年九月己丑《廿五》条）。いわゆる宇佐八幡神託事件の発端である。

この事件について一言触れておくと、これは天皇が皇族以外の人物に皇位を覬覦《きゆ》させた事件として、特異なものではある。しかしながら、この事件の先蹤《せんしょう》として、恵美押勝《えみのおしかつ》の准皇親化政策があることも、見逃すべきではなかろう。岸俊男《きしとしお》氏が指摘されたように、押勝の到達した天皇観をいま一歩推し進めて、みずから実現しようとしたのが、道鏡であったと考えることもできるからである（岸俊男『藤原仲麻呂』、前掲）。また、文武《もんむ》や聖武が多くの皇子を残していれば、そもそもこのような事件が起こるはずはなかったのである。

## 不破内親王巫蠱事件

その頃、塩焼王の妻であった不破内親王と、その所生の氷上志計志麻呂が、巫蠱《ふこ》に坐すという事件が起こった。神護景雲三年五月壬辰《廿五》条には、

詔《みことのり》して曰《のたま》はく、「不破内親王は、先の朝《みかど》勅有りて親王《みこ》の名を削《けず》れり。而《しか》して積悪《せきあく》止《や》まず、重ねて不敬《ふけい》を為す。その犯《おか》す所を論《あげつら》ふに、罪八虐《はちぎやく》に合《かな》へり。但し、思ふ所有るに縁《よ》りて、特《こと》にその罪を宥《ゆる》す。仍《より》て厨《くりや》真人厨女《くりやめ》の姓名《かばねな》を賜ふ。京中《みやこのうち》に在らしむること莫《なか》れ。また、氷上志計志麿は、その父塩焼を棄《す》つる日、倶《とも》に相従ふべし。而《しか》れども母に依りて坐《つみ》せられず。今亦《また》その母悪行《あくこういよいよ》弥《あらわ》彰る。是を以て、遠流《おんる》に処して土左《とさ》国に配《なが》す」とのたまふ。

と見える。不破内親王の罪は八虐にあたるが、特に罪を宥して厨真人厨女の姓名を賜わっ

て京外に追放、氷上志計志麻呂は母の罪に連座して土佐に配流と決した。事件により深く関与していたとされた不破内親王よりも、所生の志計志麻呂の方が、より重い罪を着せられていることに注目したい（不破内親王には、七月に生活のための封戸と田が賜与されている）。事件の詳細は、四日後の神護景雲三年五月丙申《廿九》条に、次のように見える。

県犬養姉女《あねめ》ら、巫蠱に坐《つみ》して配流せらる。詔して曰はく、「現神《あきつみかみ》と大八洲国《おおやしまぐに》知らしめす倭根子《やまとねこ》挂《か》けまくも畏《かしこ》き天皇《すめら》が大命《おおみこと》を、親王《みこたち》・王《おおきみたち》・臣《おみたち》・百官人《もものつかさのひとども》等、天下《あめのしたの》公民《おおみたから》、衆《もろもろ》聞きたまへと宣《の》りたまはく。犬部《いぬべ》姉女をば内つ奴《やつこ》と為《し》て冠位《かがふりくらい》挙げ給ひねかばね改め給ひ治め給ひき。然《しか》る物を反《かえ》りて逆心《さかしまにあるこころ》を抱蔵《いだ》きて己首《おのれひとごのかみ》と為《な》りて忍坂《おしさか》女王・石田《いわた》女王等を率《ひき》ゐて、挂けまくも畏き先の朝《みかど》の過《あやまち》に依りて棄《す》て給ひてし厨真人厨女が許《もと》に竊《ひそか》に往《ゆ》きつつきたなく悪《あ》しき奴どもと相結び謀《はか》りけらく、朝庭《みかど》を傾け奉《まつ》り、国家《あめのした》を乱りて、きらひ給ひてし氷上塩焼が児《こ》志計志麿を天日嗣《あまつひつぎ》と為《せ》むと謀りて挂けまくも畏き天皇《すめらみこと》の大御髪《おおみかみ》を盗み給はりて、きたなき佐保《さほ》川の髑髏《ひとがしら》に入れて大宮《おおみや》の内に持ち参入《まいい》り来て、厭魅《まじもの》為《す》ること三度《みたび》せり。然《しか》れども、盧舎那如来《るしやなにょらい》、最勝王経《さいしょうおうきょう》、観世音菩薩《かんぜおんぼさつ》、護法善神《ごほうぜんじん》の梵王《ぼんおう》・帝釈《たいしやく》・四大天王《しだいてんおう》の不可思議威神《ふかしぎいじん》の力、挂けまくも畏き開闢《あめつちひら》けてより已来《このかた》御宇《あめのしたしらしめ》しし天皇の御霊《みたま》、天地《あめつち》の神たちの護《まも》り助け奉《まつ》りつる力に依りて、其等《それら》が穢《きたな》く謀《はか》りて為《せ》る厭魅事《まじわざ》皆 悉《ことごと》く発覚《あらわ》れぬ。是を以て、法《のり》を検《かんが》ふるに皆死刑罪《ころすつみ》に当れり。此に由《よ》りて、理《ことわり》は法《のり》のまにまにきらひ給ふべく在り。然れども 慈《うつくし》び賜ふと為《し》て一等降《ひとしなくだ》して、其等がねかばね替へて遠 流罪《とおくながすつみ》に治め賜ふと宣りたまふ天皇が大命を、衆聞きたまへと宣る」とのたまふ。

県犬養姉女が、忍坂女王と石田女王を率い、不破内親王の許において、志計志麻呂を皇位に就けようという厭魅を、三回にわたって行なったというのである。その厭魅というのは、称徳の髪を盗んで、佐保川の髑髏に入れて行なうという、きわめて不気味なものであったという。

すでに出家して剃髪《ていはつ》していた称徳の髪をどこから盗み出したのかは、知る由もないが、それは奈良朝政変史の暗黒面を象徴する、おどろおどろしい風景である。この事件には、

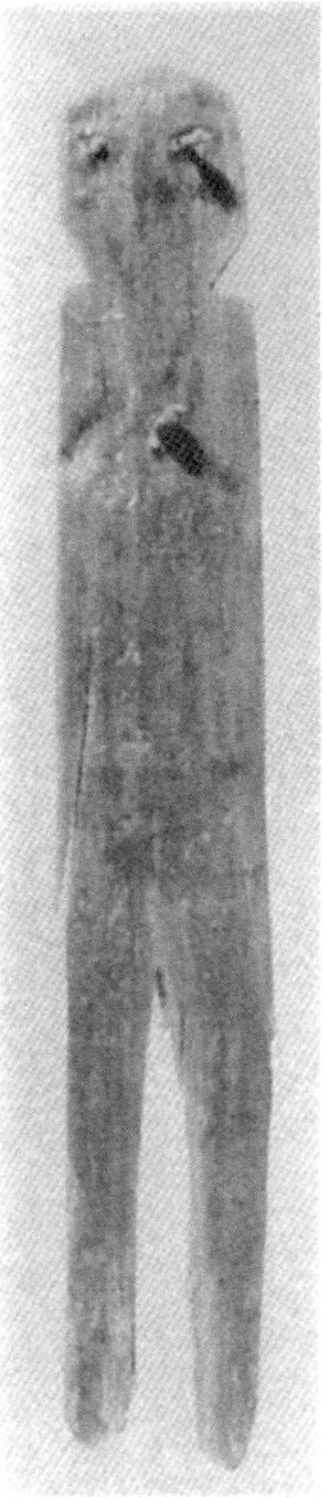

図10　平城宮大膳職跡出土呪詛人形（奈良国立文化財研究所蔵）

他に高市《たけち》皇子の女《むすめ》の河内《かわち》女王や、県犬養内麻呂《うちまろ》らも連座している。

なお、この厭魅は、実は丹比乙女《たじひのおとめ》の誣告《ぶこく》であったことが、宝亀二年（七七一）に至って判明し（宝亀二年八月辛酉条《八》）、不破内親王や忍坂女王・県犬養姉女・河内女王・県犬養内麻呂は復権を果たしている。しかし、それとても、称徳が崩じてすべてが終わった後のことであり、肝心の志計志麻呂が赦免されたかどうかは、史料に見えない。

この事件は、かつて仲麻呂《なかまろ》によって今帝《きんてい》とされた塩焼王の遺児を擁して、執拗に皇位を窺う新田部系皇統の、称徳に対する抵抗と考えることもできる。その場合、志計志麻呂が聖武の血をも引いていることから、皇位にもっとも近いとでも考えたのであろう。

しかし、一歩進んで、宇佐八幡神託事件との関連において考えることもできる。そもそも、先学が宇佐八幡の神託がもたらされた時期を五月と推定された根拠は、五月二十八日に吉備藤野和気清麻呂《きびのふじののわけのきよまろ》らに輔治能《ふじの》真人の姓を賜わっていることが、道鏡が清麻呂の宇佐出発前に色よい返事を期待してのものと理解されたということであった（横田健一《よこたけんいち》『道鏡』、吉川弘文館、一九五九年）。とすれば、この巫蠱事件の処分が、五月二十五日に不破内親王の京外追放と志計志麻呂の配流、二十九日に県犬養姉女の配流という形で行なわれているというのも、神託事件と一連のものとして考えるべきであろう。道鏡の即位という神託を確認する前提として、天武の血を引く元皇親を一人取り除いたものと解することも可能となるのである。つまり、不破内親王そのものよりも、志計志麻呂を皇位継承者候補の座から追放することが、この事件をでっち上げた目的であったことになる。実際には、臣籍に降下した元皇親など、皇位継承の資格はすでに喪失していたと見るべきであろうが、そこにかえって、僧侶の即位という未曾有《みぞう》の事態を目前にしての、称徳―道鏡側の猜疑と焦燥を読み取るべきであろう。

また、後宮における県犬養広刀自所生の内親王を支える県犬養氏の隠然たる勢力や、後宮に入り込んだ女王たちの動きにも、注目すべきである。林陸朗《はやしろくろう》氏が述べられたように、まことに後宮は不気味な雰囲気につつまれた存在と化していたのである（林陸朗「奈良朝後期宮廷の暗雲」、前掲）。

## 称徳の崩御と白壁王の立太子

九月、神託事件が決着し、道鏡を皇位に就けようという動きは、失敗に終わった。十月には、称徳は、皇位を狙う動きを戒める宣命を発した（神護景雲三年十月乙未朔条）。先にも挙げた、

朕《わ》が教へ給ふ御命《おおみこと》に順はずして王《おおきみたち》等は己《おの》が得《う》ましじき帝の尊き宝位《みくらい》を望み求め、人をいざなひ悪しく穢《きたな》き心を以て逆《さかしま》に在る謀《はかりこと》を起《た》て、臣等《おみたち》は己《おの》がひきひき是に託《つ》き彼

図11　百万塔（西大寺蔵）
神護景雲四年四月に完成した

に依りつつ頑《かたくな》に无礼《いやな》き心を念ひて
横《よこしま》の謀を構ふ。如是《かく》在らむ人等《ひとども》
をば、朕《われ》必ず天翔《あまがけ》り給ひて見行《みそな》は
し、退け給ひ捨て給ひきらひ給は
む物そ。

という元正の「遺詔」が引かれたのは、この時のことである。天平以来の数々の政変劇を眺めた後にふたたび読み直してみると、感慨深いものがある（それは、この宣命を聞いた奈良朝の支配者層とて同様であろう）。

翌神護景雲四年（宝亀元年、七七〇）二月に由義宮《ゆぎ》（元の弓削行宮《ゆげ》）に行幸して以来、不《ふ》予《よ》に陥っていた称徳は、厳戒態勢のなか、八月四日、平城《へいぜい》宮西宮《さいくう》の寝殿に崩じた。皇嗣が決定していない状況のなか、『続日本紀』によると、左大臣藤原永手《ふじわらのながて》、右大臣吉備真吉備《きびのまきび》（真備）、参議藤原宿奈麻呂《すくなまろ》（良継《よしつぐ》）・藤原縄麻呂《ただまろ》・石上宅嗣《いそのかみのやかつぐ》、近衛大将藤原蔵下麻呂《くらじまろ》ら（議政官でも加わっていない者がおり、議政官以外の者も加わっていることに注目したい）は、策を禁中《きんちゅう》に定めて、白壁王を立てて皇太子とした。称徳の「遺詔」という宣命《せんみょう》は、

左大臣従一位藤原朝臣永手、遺宣《いせん》を受けて曰はく、「今詔《の》りたまはく、事卒然《にわか》に有る

に依りて、諸臣等議《はか》りて、白壁王は諸王《おおきみたち》の中に年歯《よわい》も長《このかみ》なり。また、先の帝の功《みいさお》も在る故に、太子《ひつぎのみこ》と定めて、奏《もう》せるままに宣《の》り給ふと勅りたまはくと宣る」といふ。

という、あまりにも簡潔、かつ異例のものであった（宝亀元年八月癸巳《四》条）。年長であるということと、天智の功績を以て、皇太子と定めるという議定のままに、宣するというのである。天武系の皇親がいなくなってしまっていたことを考えると、妥当な選択とも言えようが、むしろ六二歳に至るまで、数々の政変劇においても誰にも担がれず、臣籍に降下しなくとも皇親のまま生存できていたことにこそ、白壁王の特異性を読み取るべきであろう。

　さて、よく知られているように、この白壁王の立太子は、藤原雄田麻呂《おだまろ》（後の百川《ももかわ》）をはじめ、永手や良継が、文室浄三や大市という天武系元皇親を推した吉備真備の意見を退け、宣命を偽作して成し遂げたものであった。『日本紀略』宝亀元年八月癸巳《四》条所引の「百川伝」には、

……天皇、平生《へいぜい》未だ皇太子を立てず。此に至りて、右大臣真備等論じて曰はく、「御史大夫従二位文室浄三真人、是れ長親王の子なり。立てて皇太子と為さむ」と。百川、左大臣・内大臣と論じて云はく、「浄三真人は子十三人有り。後世如何《いかん》せむ」と。真備等、都《すべ》て之を聴かず、浄三真人を冊して皇太子と為さむとするに、浄三確《かた》く辞す。

> 仍りて更に其の弟参議従三位文室大市真人を冊して皇太子と為さむとするに、亦辞する所なり。百川、永手・良継と策を定めて、偽りて宣命の語を作る。宣命使、庭に立ちて宣制《せんせい》せしむるに、右大臣真備、舌を巻きて如何とも無し。百川、即ち諸仗に命じて白壁王を冊して皇太子と為す。

とある。この「百川伝」の史料的価値には種々の論議があるが、真備が天武系元皇親を推したこと、それが藤原氏によって排されたことは、認めてもよいものと思う。そして、真備が天武系にこだわった理由としては、それが真に称徳自身の意中を体《たい》したものであったからであると考えたい。晩年の百余日の間、称徳は群臣に謁見《えつけん》することなく、典蔵《くらのすけ》吉備由利《ゆり》のみが、臥内《やすみどの》に出入りして伝奏してきたことが見えるが（宝亀元年八月丙午《十七》条）、真備は女《むすめ》の由利を通じて、あくまで天武系にこだわる称徳の意向を知っていたのであろう。

しかしながら、聖武の血を引く他戸王への中継ぎの男帝として、老齢の白壁王を立てることは、臣下に降った者を立てるよりも、支配者層のいずれにも納得しやすい選択肢であったに違いない。他戸王が支配者層の総意として後見されている限り、藤原氏の策謀は筋書きどおりに成功したかに見えていたはずである。

# 井上内親王廃后と他戸親王の廃太子

## 白壁王の即位と天智系皇親

宝亀元年（七七〇）十月、白壁王《しらかべ》は即位した（光仁天皇《こうにん》）。天智《てんじ》の孫、志《し》紀《き》親王の第六子という、律令制成立以降はじめての天智系天皇である。前にも掲げたが、「深く横禍《こうか》の時を顧みて、或は酒を縦《ほしきまにま》にして迹《あと》を晦《かく》す。故《ゆえ》を以《もち》て、害《わざわい》を免《まぬか》るることは数《あまたたび》なり」という雌伏《しふく》の時を送った末の即位であった（光仁天皇即位前紀）。ただし、六二歳という高齢を考えれば、本来はこの年二〇歳の他戸《おさべ》王への適当な時期における禅譲《ぜんじょう》が予定されていたはずである（当時は太上天皇も空位であった）。

その準備措置は、意外に早く執られた。同年十一月、志紀親王に天皇号を追贈し

（御春日宮天皇《かすがのみやにあめのしたしらしめししすめらみこと》）、光仁の兄弟姉妹と子女を親王とし、井上《いのうえ》内親王を皇后と定めるという詔が宣せられ（宝亀元年十一月甲子《六》条）、翌年正月、他戸親王が皇太子に定められたのである（宝亀二年正月辛巳《廿三》条）。その宣命では、「法《のり》の随《まにま》に皇后《おおきさき》の御子《みこ》他戸親王を立てて皇太子としたまふ」と、山部《やまべ》親王（後の桓武《かんむ》）らの兄親王をさしおいて立太子させた事情を、ことさらに述べている。

これらの措置は、天武《てんむ》系皇親に代わる天智系皇統を誕生させたことをも意味している。本節で問題とする事件が起こった宝亀三年時点の天武系皇親は、

草壁《くさかべ》皇子系　曾孫の井上《いのうえ》内親王が二品（光仁の皇后、五六歳）、<br>
　　　　　　不破《ふわ》内親王が京外追放（氷上《ひかみ》真人川継《かわつぐ》の母）<br>
舎人《とねり》親王系　賜姓配流された者が、復籍<br>
長《なが》親王系　子の文室《ふんや》真人大市《おおち》（邑珍）が従二位大納言<br>
新田部《にいたべ》親王系　子は全員薨去、孫は氷上真人川継があり

という状況であり、舎人系諸王が徐々に復籍されているとはいえ、政治的には絶滅状態と言える。一方、天智系皇親としては、

川嶋《かわしま》皇子系　子孫は不明

大友皇子系《おおとも》　曾孫の淡海《おうみ》真人三船《みふね》が正五位上刑部大輔兼文章博士《もんじょうはかせ》
志紀親王系　子の白壁王が天皇（六四歳）
光仁の兄弟姉妹　湯原《ゆはら》親王・榎井《えのい》親王
　衣縫《きぬぬい》内親王（四品）・難波《なにわ》内親王（四品）・坂合部《さかいべ》内親王（四品）
光仁の皇子女
高野新笠《たかののにいがさ》所生　山部親王（四品中務卿、三六歳）・早良《さわら》親王（二三歳）
能登《のと》内親王（四品、三一歳）・酒人《さかひと》内親王（三品、一九歳）
尾張《おわり》女王所生　稗田《ひえだ》親王（一二歳）
井上内親王所生　他戸親王（皇太子、一二歳）
県主嶋姫《あがたぬしのしまひめ》所生　弥努摩《みぬま》内親王（四品）
光仁の甥・姪（志紀親王の孫）
桑原《くわはら》王（従四位下）・鴨《かも》王（従四位下）・神《みわ》王（従四位下大舎人頭、三六歳）・
壱志濃《いちしの》王（従四位下、四〇歳）
浄橋《きよはし》女王（従四位下）・飽波《あくなみ》女王（従四位下）・尾張女王（従四位下）

などが知られる（系図8参照）。志紀親王系皇親が、有力な皇統として登場してきたこと

系図8（宝亀三年時点）

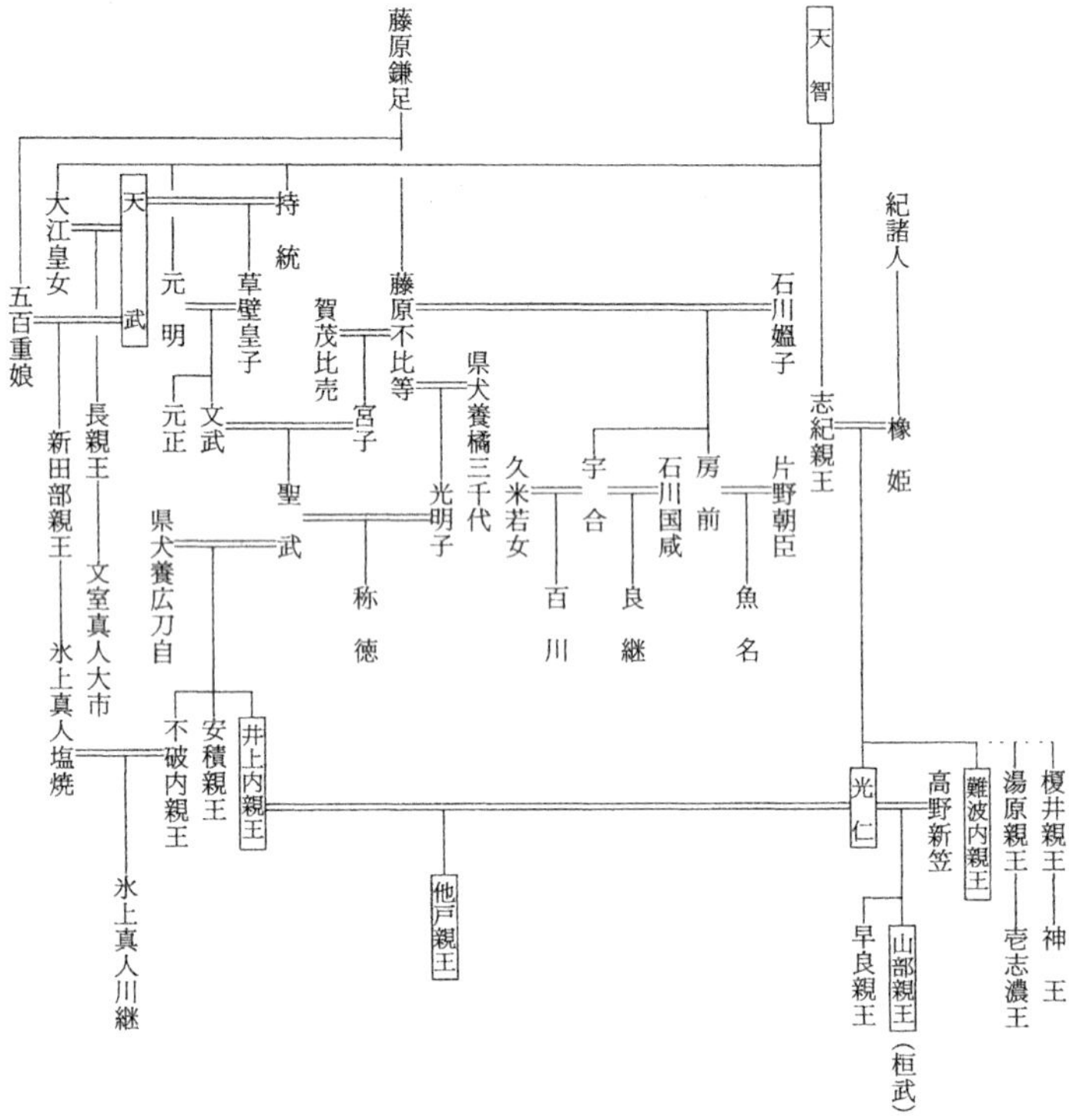
天智
藤原鎌足
紀諸人
大江皇女
天武
持統
元明
草壁皇子
五百重娘
藤原不比等
石川娼子
賀茂比売
県犬養橘三千代
志紀親王
橡姫
元正
文武
宮子
長親王
新田部親王
聖武
光明子
久米若女
宇合
石川国咸
房前
片野朝臣
県犬養広刀自
称徳
百川
良継
魚名
文室真人大市
氷上真人塩焼
不破内親王
安積親王
井上内親王
光仁
高野新笠
難波内親王
湯原親王
榎井親王
他戸親王
氷上真人川継
早良親王
山部親王
（桓武）
壱志濃王
神王

を示している。

### 井上内親王巫蠱事件

そのような折、皇后井上内親王が、巫蠱《ふこ》に連座して廃されるという事件が起こった。宝亀三年三月癸未条には、

皇后井上内親王、巫蠱に坐《つみ》せられて廃《はい》せらる。詔《みことのり》して曰《のたま》はく、「天皇《すめら》が御命《おおみこと》らまと宣《の》りたまふ御命を、百官人《もものつかさのひと》等《ども》、天下百姓《あめのしたのおおみたから》、衆《もろもろ》聞きたまへと宣る。今裳咋足嶋《もくいのたるしま》謀反《むへん》の事自首《みずからあらわ》し申せり。勘《かんが》へ問ふに、申す事は年を度《わた》り月を経《へ》にけり。法《のり》を勘ふるに、足嶋も罪在るべし。然《しか》れども年を度り月を経ても臣ながら自首し申せらくを勧《すす》め賜ひ冠位《かがふりくらい》上げ賜ひ治め賜はくと宣りたまふ天皇が御命を、衆聞きたまへと宣る。辞別《ことわ》きて宣りたまはく、謀反の事に預りて隠《かく》して申さぬ奴《やつこ》等《ども》、粟田《あわたの》広上《ひろかみ》・安都堅石女《あとのかたしわめ》は法の随《まにま》に斬《ざん》の罪に行ひ賜ふべし。然れども思《おも》ほす大御心《おおみこころ》坐《いま》すに依りて免《ゆる》し賜ひなだめ賜ひて遠く流す罪に治め賜はくと宣りたまふ天皇が御命を、衆聞きたまへと宣る」とのたまふ。従七位上裳咋臣足嶋に外従五位下を授く。

という詔が載せられている。裳咋足嶋なる者が、何年も前の謀反を自首して位階を上げられ、二人の女性（巫蠱にあたったとされた女官か）が遠流《おんる》に処されたというのであるが、この詔は、井上内親王の廃后《はいごう》の詳細に関しては、何も語ってはいない。

## 他戸親王の廃太子

次いで五月、他戸親王が皇太子の地位を追われた。宝亀三年五月丁未（廿七）条には、

> 皇太子他戸王を廃《はい》して庶人《しょにん》とす。詔して曰はく、「天皇が御命らまと宣りたまふ御命を、百官人等、天下百姓、衆聞きたまへと宣る。今皇太子と定め賜へる他戸王、其の母井上内親王の魘魅大逆《えんみだいぎゃく》の事、一二遍《ひとたびふたたび》のみに在らず、遍《たび》まねく発覚《あらわ》れぬ。其れ高御《たかみ》座天《くらあめ》の日嗣《ひつぎ》の座《くらい》は、吾一人の私《わたくしのくらい》座に非《あら》ずとなも思《おもほ》し行《め》す。故《かれ》、是を以て、天の日嗣と定め賜ひ儲《ま》け賜へる皇太子の位に謀反《むへん》大逆の人の子を治め賜へれば、卿《まえつきみたち》等、百官人等、天下百姓の念へらまくも、恥《はずか》し、かたじけなし。加以《しかのみにあらず》、後の世の平《たいら》けく安《やす》けく長く全《また》く在る可《べ》き政《まつりごと》にも在らずと神ながらも念《おもほ》し行すに依りてなも、他戸王を皇太子の位停《とど》め賜ひ却《しりぞ》け賜ふと宣りたまふ天皇が御命を、衆聞きたまへと宣る」
>
> とのたまふ。

と見える。「井上内親王の魘魅大逆の事」が何度も発覚しているので、「謀反大逆の人の子」を皇太子にしておくわけにはいかない、という理由である。それにしても、皇太子の地位を追われた親王が、一挙に庶人にまで落とされるというのは、きわめて異例のことである。また、井上内親王が、死後に復権を果たしているのに対し、他戸に対する処置は、

死後にも峻厳《しゅんげん》を極めている。本人の過失によって、皇太子の地位を追われたわけではないにもかかわらず、である。

いったい、この年六四歳という老齢の天皇の後継者に定められていた皇太子や、その母の皇后が、天皇を厭魅《えんみ》するということが、あり得るのであろうか。数年間に及ぶ何度もの厭魅ということになると、他戸親王の立太子直後、あるいは光仁の即位直後からということになるが、それはあまりにも現実離れしている。山部と藤原《ふじわら》氏との親密な関係に不安をおさえることができなかった皇后の周辺が、何らかの厭魅を行なったとする考え（北山茂《きたやましげ》夫《お》「藤原種継事件の前後」、『日本古代政治史の研究』所収、岩波書店、一九五九年）も、まったく考えられないわけではないが、やはり他戸を皇太子の地位から追い落とし、山部を擁立しようとした、藤原式家《しきけ》による陰謀という一般論が、的を射ているであろう。『類聚国史』政理一・賞功・延暦廿二年正月壬戌条（『日本後紀』の逸文か）では、山部の恩顧を受けていた槻本老《つきもとのおゆ》が、他戸と井上に責められること数度に及んだので、この事件が起こるや、「其の獄を按験《あんけん》し、多く姧状《かんじょう》を発」した結果、母子ともに廃された、ということが語られているが、後宮における疑惑がフレーム・アップされる過程には、そのような動きが存在した可能性もある。

なお、その際、『公卿補任』宝亀二年・藤原百川《ももかわ》尻付に、

……大臣、素《もと》より心を桓武天皇に属《つ》けり。龍潜《りようせん》の日、共に交情を結ぶ。宝亀天皇践《せん》祚《そ》の日に及びては、私《ひそ》かに皇太子為らむことを計る。時に庶人他部、儲弐《ちよじ》の位に在り。公、数《しばしば》奇計を出し、遂に他部を廃し、桓武天皇を太子と為す。……

と見えることによって、百川個人の策謀に帰する考えよりも、百川と良継《よしつぐ》という式家の連繋を重視する考え（林陸朗《はやしろくろう》「奈良朝後期宮廷の暗雲」、前掲）や、百川の母の久米若女《くめのわかめ》を中核とした後宮勢力の利用を想定した考え（角田文衛《つのだぶんえい》「宝亀三年の廃后廃太子事件」、『角田文衛著作集　第三巻　律令国家の展開』所収、法蔵館。初出は一九六五年）が、穏当なところであろう。

宝亀二年二月に、光仁と強い絆で結ばれていた北家《ほつけ》の永手《ながて》が薨じ、三月、良継が内臣に任じられている。「政を専《もはら》とし、志を得て、升降《しようこう》自由なり」（宝亀八年九月丙寅《十八》条）と称された良継や、「天皇、甚だ信任し、委《ゆだ》ぬるに腹心《ふくしん》を以てしたまふ。内外《ないげ》の機務、関《あずか》り知らぬこと莫《な》し」（宝亀十年七月丙子《九》条）と称された百川による式家の専権が確立したこの時期に、彼らによる陰謀が実行された蓋然性《がいぜんせい》は、きわめて高いと考えるべきであろう。なお、良継の女《むすめ》・乙牟漏《おとむろ》（後に皇后、安殿《あて》親王〔平城《へいぜい》〕・神野《かみの》親王〔嵯峨《さが》〕の母）、百川の女・旅子《たびこ》

（母は良継女・諸姉《もろね》、後に夫人、大伴《おおとも》親王（淳和《じゅんな》）の母）は、山部の妃になっているが、このうち乙牟漏はすでに宝亀三、四年頃に妃となっていることが知られる。

宝亀四年正月、山部親王が皇太子に立てられたが、この八ヵ月の皇太子の空白は、支配者層全体への山部立太子の正当性の説得が、予想以上に困難であったことを物語っている。立太子宣命（宝亀四年正月戊寅《二十四》条。庚寅の誤りか）にある「故《かれ》、此《かく》の状《さま》悟りて百官人等仕へ奉れ（このようになった事情をよく理解して、百官人たちは皇太子にお仕えするように）」という異例の語は、光仁の苦悩を物語っているようである。

## 母子の死

事件はそれだけは終わらなかった。宝亀四年十月十四日の難波内親王の薨去が、井上内親王の厭魅によるものとされ、井上内親王と他戸とは、大和《やまと》国宇智《うち》郡の没官された宅に幽閉されてしまったのである（宝亀四年十月辛酉《十九》条）。

その二年後、母子は同日に卒した。宝亀六年四月己丑《廿七》条の、

井上内親王、他戸王並《ならび》に卒《しゅっ》しぬ。

という素気《そっけ》ない記述からは、二人の死の背景は読み取れないが、この死が尋常のものではなかったことは、容易に察せられる。式家の手の者によって毒殺されたという推量（角田文衞「宝亀三年の廃后廃太子事件」、前掲）は、それほど的を失しているとは思えない。

その後、宝亀八年十二月以来病悩の続いた山部皇太子は、井上内親王の怨霊《おんりょう》に悩まされたらしい。はじめて不予のことが見える三日後には、井上内親王の遺骨を改葬し、その塚を御墓と称する措置が執られるなど（宝亀八年十二月乙巳《廿八》条）、その地位の復権がはかられたが、即位後の延暦十九年（八〇〇）七月には、ついに皇后の称を復され、同年末には、皇太后を贈られた。

その一方では、まったく罪もないまま廃太子された他戸の方は、遂に復権はかなわず、後世の史料にも「庶人他部」という表記をされたままである。それはかえって、桓武系王権側が、いかに他戸の存在を恐れていたかを示すものであろう。天武系皇統から天智系皇統への転換に際して、その両者の血を引いているが故に、最大の犠牲者となってしまったことになる。宝亀十年に、周防凡葦原《すおうのおおしのあしはら》の賤《やっこ》である男公《おきみ》なる男が、他戸親王を自称し、配流されるという事件が起こっている（宝亀十年六月辛酉《廿三》条）。いかに王権が他戸の存在を無視しようとも、人々の記憶のなかには、他戸がいつまでも澱《おり》のように残っていたのである。

# 氷上川継の謀反

## 山部親王の即位と皇親

天応元年（七八一）四月三日、光仁《こうにん》は譲位して山部《やまべ》皇太子が即位し（桓武《かんむ》天皇）、翌四日、皇弟の早良《さわら》親王を皇太子とした。光仁が譲位の宣命（天応元年四月辛[三]卯条）のなかで、特に、

……如此《かく》の時に当りつつ、人々好《よ》からぬ謀《はかりごと》を懐《おも》ひて天下をも乱り、己《おの》が氏門《うじかど》をも滅す人等《ひとども》まねく在り。若し如此有らむ人をば己が教訓《おし》へ直して各《おのも》 各《おのも》己が祖《おや》の門滅さず、弥高《いやたか》に仕へ奉り継がむと思ひ慎みて、清く直き心を持ちて仕へ奉るべしとなも念《おもほ》しめす。……

と述べているのは、その苦悩の生涯の最期に際して示した、支配者層への遺戒《ゆいかい》であろうか。

なお、光仁太上天皇は、桓武に親権を行使することもなく、その年十二月に崩じている。

一方、桓武の即位は、他戸《おさべ》王への中継ぎという意味を持った光仁の即位とは異なり、まったくの新王朝の到来を意味するものであった。また、母が渡来系の卑姓《ひせい》であるという条件は、全支配者層の同意を得ることが困難であったに違いない。その即位宣命（天応元年四月癸卯条）[十五]に即位の根源として、「近江大津《おうみのおおつ》宮に御宇《あめのしらしめ》しし天皇《すめらみこと》の勅《の》り賜ひ定め賜へる法《のり》」が強調されているのも、そのあたりの事情を勘案してのことであろう。

なお、この時皇太弟に立てられた早良親王にも、やがて苛烈《かれつ》な運命が訪れるのであるが、それは次の都においてのことである。

まず、本節で問題とする事件の起こった延暦元年（七八二）時点における皇親の状況を概観する（系図9参照）。天武《てんむ》系皇親は、

草壁《くさかべ》皇子系　曾孫の不破《ふわ》内親王が二品（氷上《ひかみ》真人川継《かわつぐ》の母）
舎人《とねり》親王系　賜姓配流された者が、復籍
新田部《にいたべ》親王系　孫の氷上真人川継が従五位下因幡《いなば》守

という状態である。復活した不破内親王とその所生の氷上川継を除いて、ほぼ天武の血を引く者はいなくなったと見ることができよう。一方、天智《てんじ》系皇親としては、

系図9（延暦元年時点）

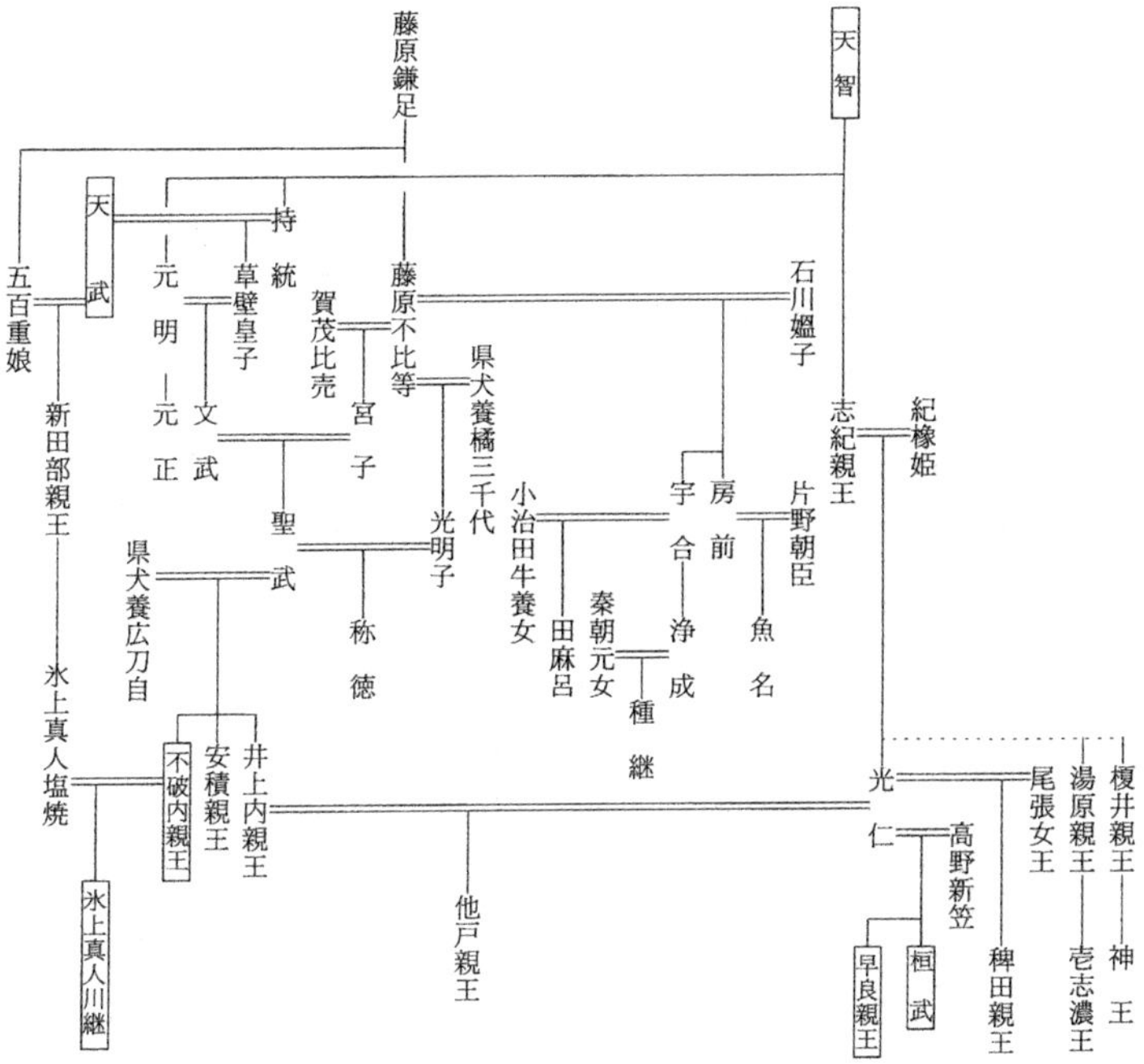
天智
藤原鎌足
天武
持統
五百重娘
元明
草壁皇子
藤原不比等
石川娼子
賀茂比売
県犬養橘三千代
新田部親王
元正
文武
宮子
志紀親王
紀橡姫
聖武
光明子
小治田牛養女
宇合
房前
片野朝臣
県犬養広刀自
称徳
田麻呂
秦朝元女
浄成
魚名
種継
氷上真人塩焼
不破内親王
安積親王
井上内親王
光仁
尾張女王
湯原親王
榎井親王
高野新笠
他戸親王
氷上真人川継
早良親王
桓武
稗田親王
壱志濃王
神王

大友皇子系《おおとも》　曾孫の淡海真人三船《おうみみふね》が従四位下大学頭兼文章博士

志紀親王系《しき》

光仁の皇子女

高野新笠所生《たかののにいがさ》　孫の山部親王が天皇（四六歳）、早良親王が皇太弟（三三歳）、

酒人内親王《さかひと》（三品、桓武妃、二九歳）、

曾孫の安殿親王《あて》があり（九歳）

県主嶋姫所生《あがたぬしのしまひめ》　弥努摩内親王《みぬま》（三品、神王《みわ》の妻）

光仁の甥・姪（志紀親王の孫）

神王（正四位下参議、四六歳）・壱志濃王《いちしの》（従四位上左大舎人頭、五〇歳）

浄橋女王《きよはし》（従四位上）・飽波女王《あくなみ》（従四位下）・尾張女王（従四位下）

その他（光仁の女・能登内親王《のと》と志紀親王系四世孫市原王《いちはら》との子、准二世王）

五百枝王《いおえ》（従四位下右兵衛督）、五百井女王《いおい》（従四位下）

が存在する。天智三世孫の時代を迎えていることが知られよう。

## 氷上川継の「謀反」

天智系皇統の時代を迎えていたこの時期、天武系皇統に連なる者の「抵抗」が、あと一つ残っていた。主役は、またしても不破内親王

に連なる者である。不破内親王は、神護景雲三年（七六九）の巫蠱《ふこ》事件に坐して厨《くりや》真人厨《くりや》女《め》の姓名を賜わり京外に追放されていたが、宝亀三年（七七二）十二月に属籍を復され、以後は順調に「昇進」を続け、二品に至っていた。

一方、不破内親王を夫とした塩焼王《しおやき》（氷上塩焼）は、天平宝字八年（七六四）に仲麻呂《なかまろ》とともに琵琶《びわ》湖畔で斬殺されたが、不破内親王所生の氷上志計志麻呂《しけしまろ》と川継は、塩焼に縁《えん》坐《ざ》すべきところ、母が皇女であったため赦された。このうち、志計志麻呂は不破内親王の巫蠱事件に連座して土佐《とさ》に配流され、配所で没したが、川継は幼少であったためか赦されたらしく、宝亀十年に従五位下に叙されている。

川継は、天応二年（延暦元年）正月に因幡守に任じられたが、事件の発覚したのは、その一ヵ月後のことであった。延暦元年閏正月甲子《十一》（甲午の誤りか）条には、

因幡国守従五位下氷上真人川継謀反《むへん》す。事露《あらわ》れて逃走す。是に使を遣して、三関《さんげん》を固め守らしむ。また、京畿・七道に下知して捜《さが》し捕へしむ。

と見える。川継が、謀反が露見したので逃走したというのである。この「謀反」の詳細は、続く延暦元年閏正月丁酉《十四》条に、

氷上川継を大和《やまと》国葛上《かずらきのかみ》郡に獲《とら》へたり。詔して曰はく、「氷上川継は、潜《ひそか》に逆乱を

謀りて、事既に発覚《あらわ》れぬ。法に拠りて処断するに、罪極刑《ごくけい》に合《かな》へり。その母不破内親王は、返逆《へんぎやく》の近親にして、亦重き罪に合《かな》へり。但し、諒闇《りようあん》の始《はじめ》なるを以て山陵《みさざき》未だ乾かず、哀感《あいかん》の情《こころ》刑を論《あげつら》ふに忍びず。その川継は、その死を免《ゆる》して、これを遠流に処し、不破内親王并せて川継が姉妹《はらから》は淡路《あわじ》国に移配すべし」とのたまふ。川継は塩焼王の子なり。初め川継が資人《しにん》大和乙人《やまとのおとひと》、私《ひそか》に兵仗を帯びて宮中に闌入《らんにゅう》す。所司獲へて推問するに、乙人款《もう》して云はく、「川継陰《ひそか》に謀りて、今月十日の夜、衆《もろもろ》を聚《あつ》めて北門《きたのみかど》より入り、朝庭《みかど》を傾けむとす。仍て乙人を遣して、その党《ともがら》宇治《うじ》王を召し将《ひき》ゐて期日《ごにち》に赴かしむ」といふ。是に、勅して、使を遣して川継を追召《め》さしむ。川継、勅使到ると聞きて、潜《ひそか》に後門より出でて逃走す。是に至りて捉へ獲たり。詔して、死一等を減《げん》して伊豆《いず》国三嶋《みしま》に配《なが》したまふ。その妻藤原法壱《ほういち》も亦相随ふ。

とあることによって知られる。閏正月上旬の頃、川継の資人である大和乙人という者が、兵器を持って宮中に闌入し、捕獲されて推問されたところ、次のように白状した。十日の夜、兵を集めて平城《へいぜい》宮の北門から侵入し、朝廷を傾けよう（桓武を害しよう、という意か）という川継の陰謀に、宇治王を引き入れる工作を行なうために闌入したのである、と。朝廷では、十一日に至り、勅使を派遣して川継を召したところ、川継は裏門から逃走し、十四日に捕捉されたのである。川継は伊豆国三嶋（かつて父の塩焼王が配流された地）に、不破内親王と川継の姉妹は淡路国に、それぞれ配流された。

ここに見える「陰謀」を、林陸朗《はやしろくろう》氏のように、これまで何度もみられた謀反厭魅《えんみ》の事件とは異なって、かの奈良麻呂の乱の如く武力を以て政府を倒壊しようと企図したものである（林陸朗「奈良朝後期宮廷の暗雲」、前掲）と考えることもあるまい。決起の翌日の十一日に勅使が到着するや、裏門から逃走するなど、兵はまったく集まってはいなかったのである。この陰謀が実際にあったかどうか随分とあやしいとされた阿部猛《あべたけし》氏の考え（阿部猛「天応二年の氷上川継事件」、『平安前期政治史の研究』所収、新生社。初出は一九五八年）が、妥当なところであろう。

なお、三月に至り、川継の「党」とされた三方王《みかた》と山上船主《やまのうえのふなぬし》、それに三方王の妻の弓削女王《ゆげ》（舎人親王の長子である御原王《みはら》の女《むすめ》か）が、桓武を厭魅した廉《かど》で配流されている（延暦元年三月戊申《廿六》条）。こちらのみが実際に行なわれたものであろうが、これも「謀反」に対する処分に憤慨してのものであろう。

## 連座した人々

この事件の特色は、大量の連座者を出したことである。川継の母・不破内親王や姉妹、妻の藤原法壱が同日に配流の処分を受けたほか、法壱の父で大宰員外帥に左遷されたばかりの藤原浜成《はまなり》も「思ふに与党為らむ」という理由で参議・侍従の職を免じられた。また、山上船主・三方王は「並に川継に党するを以てなり」という理由でそれぞれ左降され（延暦元年閏正月辛丑条）[十八]、二ヵ月後に厭魅事件を起こしている。

翌日にも、大伴家持《おおとものやかもち》・坂上苅田麻呂《さかのうえのかりたまろ》・伊勢老人《いせのおきな》・大原美気《おおはらのみけ》（長《なが》親王系の元皇親）・藤原継彦《つぐひこ》らが、職を解却《げきやく》されたうえで京外に追放された。その他、

自外《そのほか》の党与合せて卅五人、或は川継が姻戚、或は平生の知友なり。並に亦京外に出す。

ということで（延暦元年閏正月壬寅条）[十九]、多少なりとも川継に関係のあった人々は、すべて処分を受けているのである。大伴伯麻呂《おじまろ》も、『公卿補任』に解官《げかん》の記事があるし、左大臣藤原魚名《うおな》の左遷も、一連のものと解すべきかもしれない。

不可解なのは、これらの人々が、延暦九年の薨去まで大宰に留め置かれた浜成を除けば、いずれも短期間で赦免されていることである（年内に薨じた大伴伯麻呂と藤原魚名を除く）。これらの事実は、この人々を一定期間、京から追放しておくことに処分の眼目《がんもく》があったかのようである。首謀者とされた川継でさえ、延暦二十四年、桓武不予による恩赦《おんしゃ》によって赦免され、その後は官人としての歩みを続けている。

この事件は結局、藤原式家（田麻呂《たまろ》・種継《たねつぐ》）と京家《きょうけ》（浜成）・北家（魚名）の対立が噴出したものと見るべきであろうが、それにしても、なぜこれほどまでに桓武は川継を恐れたのであろうか。

## 「奈良朝の終焉」

それは、川継本人に対する怖れというよりも、一〇〇年以上もこの国を支配してきた天武系皇統というものに対する怖れと考えるべきであろう。そして、それを克服することで、桓武は奈良朝と訣別《けつべつ》し、新たな王朝を確立しようとしたのかもしれない。その意味では、氷上川継の「謀反」は、まさに「奈良朝の終焉」を象徴する事件であった。

二年後の延暦四年、桓武はヤマトに別れを告げ、新たな都の造営を開始する。しかし、その都では、また新たな皇親が誕生し、陰謀と怨霊《おんりょう》が跳梁跋扈《ちょうりょうばっこ》する、新たな政変劇が繰り広げられることとなるのである。

# 結語に代えて――奈良朝の政変劇と皇親

これまで、奈良朝の政変劇における皇親の動向をたどってきた。ここで天武系皇親の盛衰を、各皇統ごとにまとめて概観してみることにしよう。

高市《たけち》皇子は、持統十年（六九六）に薨去し、二世王のなかでは長屋《ながや》王のみが、皇位継承有資格者をその近親に擁しているという理由で、別勅による昇進を続けた。しかし、天平元年（七二九）、藤原長娥子《ふじわらのながこ》所生の三世王を除いて、「長屋王の変」によって壊滅した。長屋王の弟の鈴鹿《すずか》王は、知太政官事にまで上ったが、もはやそれは皇親による太政官政治領導と呼べるものではなかった。奈良朝中期からは、長屋王遺児の安宿《あすかべ》王・黄文《きふみ》王・山背《やましろ》王が、反藤原氏勢力から謀反《むへん》の際の皇嗣予定者として擁立されたが、天平宝字元年（七五七)、山背王の密告によって、その企ては水泡《すいほう》に帰した。長屋王の遺児は、あるいは殺され、あるいは配流されてしまった。そして山背王に待っていた恩賞は、藤原氏の一員となることであった。また、鈴鹿王系は同時期に臣籍に降下し、高市系皇親は途絶えた。

草壁《くさかべ》皇子は、持統三年(六八九)に薨去し、二世王の軽《かる》皇子が文武《もんむ》天皇として即位した。その後、文武皇子の首《おびと》皇子が立太子し、一〇年後に聖武《しょうむ》天皇として即位した。その間、文武の残した蘇我《そが》系の皇子は、不比等《ふひと》によって排除されたとされる。聖武の子は、皇子が、早世した基《もとい》皇子、暗殺された可能性がある安積《あさか》親王、皇女が、白壁《しらかべ》王(光仁《こうにん》)の妻となって他戸《おさべ》王を産んだ井上《いのうえ》内親王、孝謙《こうけん》(称徳《しょうとく》)天皇となった阿倍《あべ》内親王、塩焼《しおやき》王の妻となって氷上志計志麻呂《ひかみのしけしまろ》・川継《かわつぐ》を産んだ不破《ふわ》内親王である。県犬養広刀自《あがたのいぬかいのひろとじ》所生の二人の内親王は、いずれも厭魅《えんみ》事件に座して、所生の子とともに政治生命を絶たれている。

大津《おおつ》皇子は、朱鳥元年(六八六)に刑死したが、その子孫は見えない。

刑部《おさかべ》親王は、持統《じとう》太上天皇の崩後に最初の知太政官事に任じられ、慶雲二年(七〇五)に薨去した。その後は二世王の山前《やまさき》王・大野《おおの》王・石田《いわた》王などが見えるが、いずれも目立った活躍を見せず、散位《さんい》で薨じている。三世王には無頼の徒の葦原《あしはら》王が出たりして振るわず、ほぼ全員が臣籍に降下したようである。

磯城《しき》皇子は、薨去年は不明である。二世王には倭《やまと》王・酒部《さかべ》王・広瀬《ひろせ》王などが見える。三世王で磯城系と確認できるものはなく、いずれも臣籍に降下したものと思われる。

舎人《とねり》親王は、不比等の薨去後に知太政官事として首皇太子の後見にあたり、「宗室の長」としての地位を確立して、天平七年に薨じた。二世王は、御原《みはら》王・三嶋《みしま》王・船《ふね》王・池《いけ》田《だ》王・守部《もりべ》王などがあるが、天平宝字元年（七五七）に大炊《おおい》王が立太子し、淳仁《じゅんにん》天皇として即位するや、生存していた船王や池田王は親王となり、ここに舎人系皇統が確立した。

しかし、この皇統の権力基盤は、あくまで仲麻呂《なかまろ》や光明《こうみょう》皇太后との結託によるものであり、天平宝字八年の恵美押勝《えみのおしかつ》の乱、および淳仁の廃位に伴って、いずれも配流され、皇統としての命脈は終わった。なお、淳仁の廃位に加担した三世王の和気《わけ》王は、天平神護元年（七六五）、謀反によって配流される途中に絞殺された。

長《なが》親王は、霊亀元年（七一五）に薨去した。二世王の河内《かわち》王・智努《ちぬ》王・栗須《くりす》王・石川《いしかわ》王・長田《ながた》王・奈良《なら》王・大市《おおち》王などが、官人として活躍したが、奈良朝後半に至り、いずれも臣籍に降下した（文室《ふんや》真人、三嶋《みしま》真人）。文室真人智努（浄三《きよみ》）・大市（邑珍）は、宝亀元年（七七〇）の称徳天皇の崩御後に皇嗣に擬せられたが、藤原氏によって退けられた。

穂積《ほづみ》親王は、刑部親王の薨後、知太政官事に任じられ、霊亀元年に薨じた。二世王には上道王《かみつみち》と坂合部王《さかいべ》が見えるが、いずれも散位で終わり、三世王は不明である。

弓削《ゆげ》皇子は、文武三年（六九九）に薨去した。子孫は不明である。

新田部《にいたべ》親王は、知五衛及授刀舎人事として首皇太子の後見にあたり、天平七年に薨じた。二世王は、なかなか出身できなかったが、塩焼王が聖武皇女の不破内親王を妻とした頃から、注目を集めるようになった。天平十四年に不破内親王の呪詛《じゅそ》事件に連座して、塩焼王は配流されたが、やがて赦された。一方、天平勝宝八歳（七五六）、聖武の遺詔によって道祖王《ふなど》が皇太子に立てられたが、天平宝字元年に廃された。その年に起こった橘《たちばなの》奈良麻《ならま》呂《ろ》の変では、ともに反仲麻呂派によって皇嗣に擬されたが、道祖王は杖下に死し、塩焼王は赦されて臣籍に降下した（氷上真人）。しかし、恵美押勝によって「今帝」に擁立され、琵琶湖畔で斬首された。遺児の志計志麻呂は、不破内親王の巫蠱《ふこ》事件に坐し、川継は、延暦元年（七八二）に謀反の疑いにより、それぞれ配流された。

以上、天武系皇親の政治的破滅と没落の様相を跡付けてきた。まさに「皇親は殺戮されるために存在した」といった観があるが、その過程のなかで重要なのは、大多数の皇親は、政変に巻き込まれることを望んではいなかったということである。以前に触れたが、一般的な皇親の意識というのは、精勤を重ねて昇進し、上級官人となって政権中枢に入り込むことを目指してはいなかったはずである。それよりも、四位程度の散位官人に留まって高給だけは手にし、血縁的尊敬を集めながらも激職に就くことはなるべく避け、権力の中枢からは距離を置いて、王権から危険視されたり、反体制派に担がれたりすることは絶対に避ける、といったところであったものと思われる。

もちろん、権力中枢を志向した皇親もなかには存在したが、ほとんどはそれに失敗しているはずである。長屋王や塩焼王、黄文王などは、ほとんど例外的な人物であったと思われるが、これとても、どれほど積極的に政変劇に身を投じたかは疑問である。彼らにしたところで、ほんの偶然の歴史的条件から、激動の政変劇の主役の座に、自身も気付かない間に坐らされていたというのが、実状ではなかったであろうか。

皇親たちは、本来皇位を継承すべき親王がほとんど存在しないという特異な時代を、特異な運命を背負わされて翻弄《ほんろう》されたわけであるが、それはまた、日本古代という時代の政治を、先鋭的な部分で象徴しているとも言えるのである。

恵美押勝の乱の前夜、淳仁天皇の兄である池田親王は、次のような上表を行なった（天平宝字七年八月己丑《十九》条）。

紀政台尹三品池田親王、表を上《たてまつ》りて曰はく、「臣が男女《おのこごめのこご》五人、その母、凶族より出でたり。臣、その逆党を悪《にく》みて王籍《おうせき》に預らしめず。然して今、日月稍《やや》く邁《す》ぎて、聖沢《せいたく》頻《しき》りに流る。是の時に当りて、処置を為さずは、恐るらくは、聖化《せいか》の内に、所を失ふ民有らむことを。伏して乞はくは、姓を御長《みなが》真人と賜ひ、永く海内《かいだい》の一族とせむことを」といふ。詔して許したまふ。

来たるべき政治闘争から、せめて自己の子女だけでも隔離したいという防衛本能によって、子女から皇親という重荷を降ろしたいと考えたのであろう。「御長」というウヂ名に、子供たちの無事を願う池田親王の思いが込められているというのは、考え過ぎであろうか（かつて池田親王が孝謙に「孝行闕《か》くること有り」と称されたことを思うと、感慨深い）。九世紀の史料には、従四位下伊勢守御長広岳《ひろおか》、従五位下刑部少輔御長仲継《なかつぐ》、従五位上越後守御長近人《ちかひと》らが見えるが、彼らは他の舎人系皇親とは異なり、奈良朝後期から末期の幾多の政変を無事乗り切り、中下級官人として生き残った。一方、池田親王の方は、翌年十月、馬を多く集めているという密告により、親王号を貶《おと》されて土佐《とさ》国に配流されている。

すでに紙数も尽きている。この辺で、奈良朝の政変劇とも別れを告げることにするが、最後に、私が皇親のことを思うとき、いつも念頭にある漢詩を挙げておこう。魏《ぎ》の曹操《そうそう》は、末子の曹植《そうち》を愛して、長子の曹丕《そうひ》を疎んじ、廃嫡が行なわれようとした。曹丕は、曹操の死後、天子となると（文帝《ぶん》）、報復として曹植をはじめとする弟たちを苛《いじ》めだした。詩才のあった曹植は、文帝に求められて、有名な「七歩詩」を即興で詠じた。

煮豆然豆箕　豆を煮るに豆箕《まめがら》を燃やす
豆在釜中泣　豆は釜中に在りて泣く
本是同根生　本是れ同根に生ず
相煎何太急　相煎ること何ぞ太《はなは》だ急なる

# 参考文献


荒木敏夫『日本古代の皇太子』(吉川弘文館、一九八五年)
石上英一『律令国家と社会構造』(名著刊行会、一九九六年)
石母田正『石母田正著作集　第三巻　日本の古代国家』(岩波書店、一九八九年)
彌永貞三『日本古代の政治と史料』(高科書店、一九八八年)
大山誠一『長屋王家木簡と奈良朝政治史』(吉川弘文館、一九九三年)
川崎庸之『川崎庸之歴史著作選集　第1巻　記紀万葉の世界』(東京大学出版会、一九八二年)
岸俊男『日本古代政治史研究』(塙書房、一九六六年)
北山茂夫『日本古代政治史の研究』(岩波書店、一九五九年)
木本好信『奈良朝政治と皇位継承』(高科書店、一九九五年)
倉本一宏『日本古代国家成立期の政権構造』(吉川弘文館、一九九七年)
河内祥輔『古代政治史における天皇制の論理』(吉川弘文館、一九八六年)
笹山晴生『奈良の都――その光と影』(吉川弘文館、一九九二年)
薗田香融『日本古代の貴族と地方豪族』(塙書房、一九九一年)
角田文衞『角田文衞著作集　第三巻　律令国家の展開』(法蔵館、一九八五年)
虎尾達哉「律令国家と皇親」(『日本史研究』第三〇七号掲載、一九八八年)

直木孝次郎『飛鳥奈良時代の考察』（高科書店、一九九六年）
中川収『奈良時代政治史の研究』（高科書店、一九九一年）
野村忠夫『律令政治と官人制』（吉川弘文館、一九九三年）
早川庄八『日本古代官僚制の研究』（岩波書店、一九八六年）
林陸朗『上代政治社会の研究』（吉川弘文館、一九六九年）
横田健一『白鳳天平の世界』（創元社、一九七三年）

# あとがき

私は一九五八年六月に生まれた。奇しくもその年八月、北山茂夫《きたやましげお》氏の『日本古代政治史の研究』の「序説　七・八世紀の内乱の歴史的特質」が執筆されている。以来四〇年、その内容や背景にある思想に共鳴するにせよ反発するにせよ、この書は奈良時代政治史研究の世界において、いまだに大きな影響力を保っている。

一方、ほぼ同じ時期に石母田正《いしもだしょう》氏によって記された「政治史の対象について」（『石母田正著作集　第十三巻　歴史学の方法』所収、岩波書店。初出は一九五七年）は、おおよそ政治史研究には四つの部面があると指摘している。すなわち、1国家の統治機構および形態、2政策、3政治的事件、4指導的政治家の研究、である。これらの諸側面を包括し、統一することによって、客観的で新しい政治史叙述のあり方が生まれることになるのであろうが、これら四つの側面のうちでは、「3政治的事件」に関する研究（「狭義の政治史」とでも言えようか）が、その恣意性（これには単なる思い付きと、一定の確信があるが）ゆえに、その著作の多さとは裏腹に、これまでもっとも立ち遅れた分野であったと考えられる。

一応「日本古代政治史」を専門分野として標榜《ひょうぼう》している私も、実は政治的事件に関する叙述は、特に奈良時代に関する限り、これまでほとんど行なったことがないはずである。それは、北山氏の一連の巨大な業績に対する想いと、石母田氏の指摘とが常に念頭から離れることがなく、その狭間《はざま》に立ちつくしてしまっていたことによるものであろうと、勝手に分析しているのであるが、生後四〇年、また古代政治史研究に関与してから二〇年、職を得てから一〇年にして、ようやく「狭義の政治史」に関わることになってしまった。本書が、その最初（そして、もしかすると最後）の著作ということになる。

さて、石母田氏に倣《なら》うわけではないが、私が論文を書く際にいつも理想の目標としている三原則がある。1雄大な構想、2鋭敏な分析、3精緻な考証、である（もちろん、そのどれ一つとして満たしたものを、いまだ書いたことはない）。ところが本書の場合、そもそも大上段に構えた構想を打ち立てているわけではなく、詳しい考証を行なう余裕もない。せいぜいが、それぞれの場面における「政治的」分析を積み重ねた結果に過ぎないのである。こんなことで、北山氏をはじめとする従前の政治史叙述をいかほどに克服し、石母田氏の提言にどれくらい近付き得ているのかは、はなはだ心許ない。本書を反省材料として、これから政治史叙述の世界に足を踏み入れることになるのか、はたまた、大急ぎで逃げ出すことになるのか、これから「分析」しなければならない。

なお、本書は、「はじめに」でも述べたように、前著『日本古代国家成立期の政権構造』、特に第三部第三章「律令制下の皇親」と一対のものである。そちらも参照していただければ幸いである。

最後に、「奈良朝政治の推移」をはじめとする理想の政治史叙述を私の前に示してくださるのみならず、「歴史文化ライブラリー」の執筆者に私をご推薦いただき、新たな宿題を与えてくださった恩師・笹山晴生先生（今回は口絵の写真まで賜わった）には、どうやって感謝の意を表わせばよいのか、いまだその途を知らない。また、「刊行のことば」に謳《うた》われているような、「よりよい二十一世紀社会を築くため」の「人類の遺産・教訓」には、とてもなり得ないであろう本書を、「歴史文化ライブラリー」に加えていただいた吉川弘文館、特に編集部の大岩由明氏と担当の柴田善也氏にも、心から感謝の意を表わしたい。

一九九八年十一月

飛鳥・祝戸より吉野を望んで

著者識す

著者紹介
一九五八年、三重県津市に生まれる
一九八三年、東京大学文学部国史学専修課程を卒業
一九八九年、東京大学大学院人文科学研究科国史学専門課程博士課程を単位取得退学
一九九七年、東京大学より博士（文学）を授与される
現在、駒沢女子大学人文学部助教授
主要著書
日本古代国家成立期の政権構造

歴史文化ライブラリー
53

奈良朝の政変劇
皇親たちの悲劇

一九九八年一二月一日　第一刷発行

著者　倉《くら》本《もと》一《かず》宏《ひろ》

発行者　吉川圭三

発行所　株式会社 吉川弘文館
東京都文京区本郷七丁目二番八号
郵便番号一一三―〇〇三三
電話〇三―三八一三―九一五一〈代表〉
振替口座〇〇一〇〇―五―二四四
印刷＝平文社　製本＝ナショナル製本
装幀＝山崎　登（日本デザインセンター）

歴史文化ライブラリー

1996.10

# 刊行のことば

現今の日本および国際社会は、さまざまな面で大変動の時代を迎えておりますが、近づきつつある二十一世紀は人類史の到達点として、物質的な繁栄のみならず文化や自然・社会環境を謳歌できる平和な社会でなければなりません。しかしながら高度成長・技術革新にともなう急激な変貌は「自己本位な刹那主義」の風潮を生みだし、先人が築いてきた歴史や文化に学ぶ余裕もなく、いまだ明るい人類の将来が展望できていないようにも見えます。このような状況を踏まえ、よりよい二十一世紀社会を築くために、人類誕生から現在に至る「人類の遺産・教訓」としてのあらゆる分野の歴史と文化を「歴史文化ライブラリー」として刊行することといたしました。

小社は、安政四年（一八五七）の創業以来、一貫して歴史学を中心とした専門出版社として書籍を刊行しつづけてまいりました。その経験を生かし、学問成果にもとづいた本叢書を刊行し社会的要請に応えて行きたいと考えております。

現代は、マスメディアが発達した高度情報化社会といわれますが、私どもはあくまでも活字を主体とした出版こそ、ものの本質を考える基礎と信じ、本叢書をとおして社会に訴えてまいりたいと思います。これから生まれでる一冊一冊が、それぞれの読者を知的冒険の旅へと誘い、希望に満ちた人類の未来を構築する糧となれば幸いです。

吉川弘文館

〈オンデマンド版〉
# 奈良朝の政変劇
皇親たちの悲劇

歴史文化ライブラリー
53

2017年（平成29）10月1日　発行

著　者　倉《くら》本《もと》一《かず》宏《ひろ》
発行者　吉川道郎
発行所　株式会社 吉川弘文館
〒113-0033　東京都文京区本郷7丁目2番8号
TEL　03-3813-9151〈代表〉
URL　http://www.yoshikawa-k.co.jp/

印刷・製本　大日本印刷株式会社
装　幀　清水良洋・宮崎萌美

倉本一宏（1958～）

ISBN978-4-642-75453-8